리틀 수학 천재가 꼭 알아야 할 수학이야기

내일을 여는 리틀 전문가 4
리틀 수학 천재가 꼭 알아야 할 수학 이야기

초판 1쇄 발행 | 2007년 3월 20일
초판 11쇄 발행 | 2020년 8월 25일

지은이 | 신경애
그린이 | 이민경
펴낸이 | 양진오
펴낸곳 | (주)교학사
등록 | 1962년 6월 26일 제18-7호
주소 | 서울특별시 마포구 마포대로14길 4
전화 | 편집부 (02)7075-328 영업부 (02)7075-147
주문 팩스 | (02)839-2728
홈페이지 | www.kyohak.co.kr
편집 | 김인애, 김길선, 김효성
디자인 | 하늘땅

ⓒ 우리누리, 2007
ISBN 978-89-09-20230-5 74320
ISBN 978-89-09-09846-5 (세트)

이 도서의 국립중앙도서관 출판예정도서목록(CIP)은 서지정보유통지원시스템 홈페이지(http://seoji.nl.go.kr)와 국가자료종합목록 구축시스템(http://kolis-net.nl.go.kr)에서 이용하실 수 있습니다. (CIP제어번호:2007000221)

함께자람은 (주)교학사의 유아·어린이 책 브랜드입니다.

· 잘못 만들어진 책은 구입하신 서점에서 바꾸어 드립니다.
· 이 책 내용의 전부 또는 일부를 재사용하려면 반드시 지은이와 (주)교학사 양측의 동의를 받아야 합니다.
▲ 주의 : 책 모서리가 날카로우니 떨어뜨리지 않도록 주의하시고,
책장을 넘길 때 종이에 베이지 않도록 주의하시기 바랍니다. (사용 연령 : 만 8세 이상)

리틀 수학 천재가 꼭 알아야 할 수학 이야기

신경애 글 | 이민경 그림

함께자람

머리말

마법 같은 수학의 매력에 빠져 봐!

"수학은 생각만 해도 머리가 아파."
"수학 따위는 없어졌으면 좋겠어."
혹시, 심드렁한 얼굴로 이렇게 중얼거려 본 적이 있나요?
수학 문제가 잘 풀리지 않아 머리가 지끈지끈 아플 때는 이런 생각이 들 수도 있어요.
하지만 이 책을 읽고 나면 틀림없이 이렇게 생각이 바뀔 거예요.
"우아, 수학은 마법 같아. 아무리 복잡하고 어려운 문제도 술술 풀리잖아!"

이 책에는 흥미진진한 수학 이야기들이 가득해요.
"세상에서 가장 큰 수는 무엇일까?"
"걸어서 지구의 둘레를 잴 수 있다고?"
"세모와 네모에는 어떤 비밀이 숨어 있을까?"
"거대한 피라미드의 높이는 어떻게 잴까?"
그뿐만이 아니에요. 피타고라스, 디오판토스 등 세상에서 수학이 가장 재미있다고 생각하는 위대한 수학자들과 이야기를 나누다 보면 자기도 모르는 사이에 수학의 매력에 푹 빠져들게 될 거예요.

    수학은 우리 생활과도 밀접한 관련이 있어요.

    파인애플 껍데기에도, 피아노 건반에도 신기한 수학 법칙이 숨어 있어요. 또, 우리가 사용하는 컴퓨터 모니터도 황금비라는 수학 법칙으로 만들어졌답니다.

    만약 수학이 없었다면 오늘날과 같은 축구공은 없었을 거라는 사실을 알고 있나요? 전쟁을 승리로 이끈 암호와 수학은 어떤 관계가 있을까요? 우리를 둘러싼 세상의 알쏭달쏭한 궁금증도 수학으로 속 시원하게 해결할 수 있지요.

    자, 어서 책을 펼쳐 보세요.

    마법처럼 신기하고, 롤러코스터처럼 짜릿한 수학의 세계가 여러분을 기다리고 있어요.

신경애

차례

섬나라 사람들의 재미있는 수세기 _ 8
사람의 손가락이 열 개가 아니라면? _ 16
세모와 네모의 비밀 _ 22
1부터 5까지 숫자의 비밀 _ 28
6부터 0까지 숫자의 비밀 _ 34
수학은 왜 배워야 할까? _ 40

세상에서 가장 큰 수 _ 42
자연 속에 숨은 수학 _ 50
축구공 속에 숨은 수학 _ 58
영원히 변하지 않는 것을 찾아라! _ 64
일급 비밀을 지켜라! _ 70
리틀 수학 천재라면 이런 습관을 가져라 _ 76

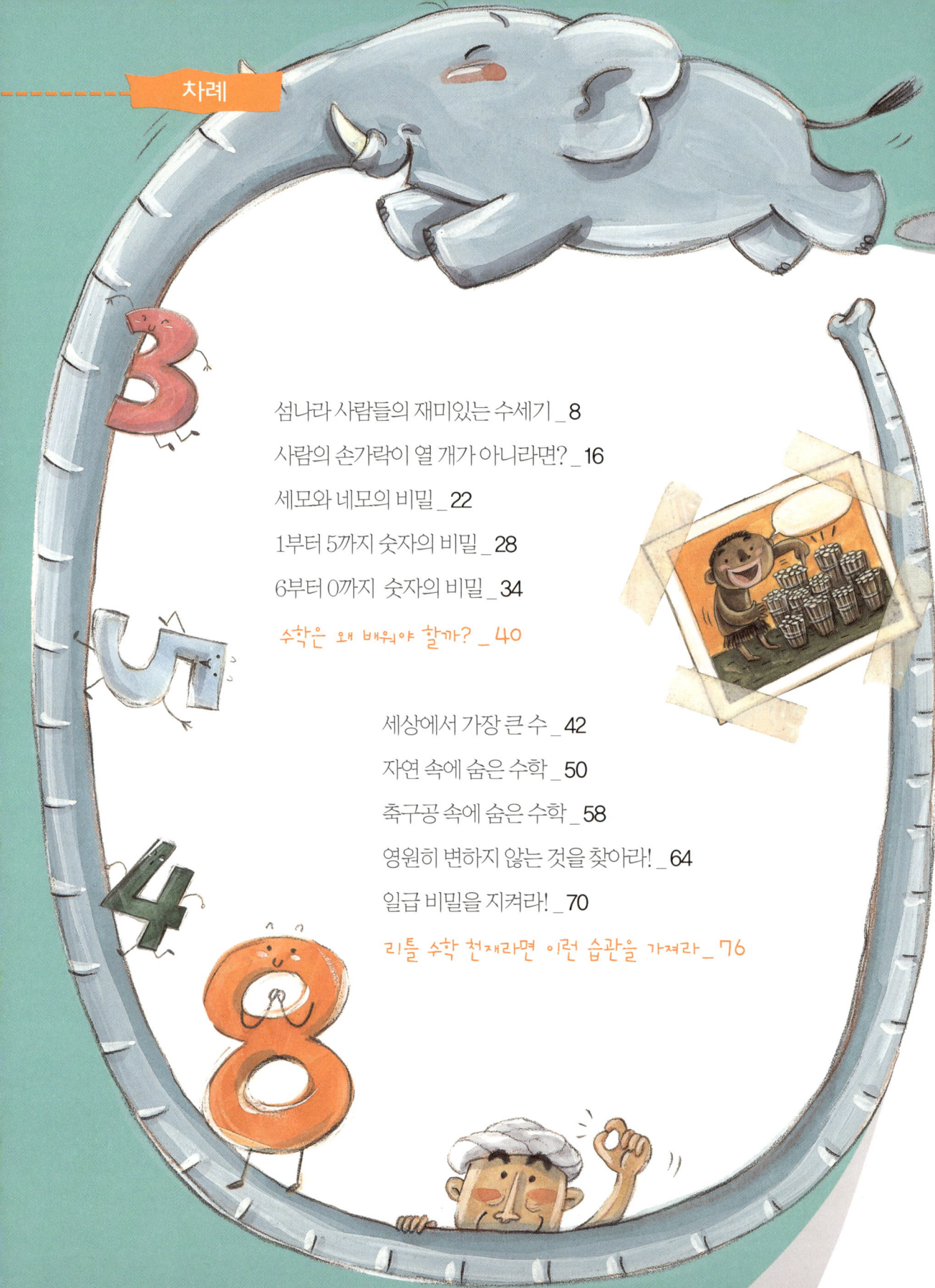

케이크 나눠 먹을 때도 수학이 필요해 _ 78

마음 속의 수를 알아 내는 마술 _ 84

마법의 계산기가 필요해 _ 90

수학자의 무덤에는 수학 문제가 있다 _ 96

무시무시한 거듭제곱 _ 102

노벨상에 수학상만 없는 이유는? _ 108

피타고라스의 비밀 _ 110

거대한 피라미드의 높이는 얼마일까? _ 116

걸어서 지구의 둘레를 재는 방법 _ 122

고대 이집트 사람들의 빵 나눠 먹기 계산법 _ 128

17마리 낙타를 나눠라! _ 134

수에도 종류가 있다 _ 140

산에서 자라는 나무의 수 알아 내는 방법 _ 142

다리 건너기 수학 _ 148

수학으로 폭발을 막아라! _ 154

면이 하나뿐인 종이 _ 160

늦잠 잤을 때 필요한 수학 _ 166

늘 수학을 생각하는 열정이 필요하다 _ 174

 수셈의 탄생

섬나라 사람들의 재미있는 수세기

뉴기니 섬 사람들의 숫자 세기

뉴기니라는 섬을 알고 있니? 오스트레일리아 북쪽 태평양에 있는 섬인데, 이 섬으로 여행을 간 사람들은 이런 경고를 듣곤 하지.

"당신의 몸을 함부로 만지지 마시오. 코나 눈이 가렵다고 함부로 비비지도 말고, 어깨나 팔꿈치, 손목도 만지지 마시오. 아무 손가락이나 함부로 들어 보여도 절대 안 됩니다."

자기 몸을 자기가 만지면 안 된다니, 정말로 엉뚱하지? 그래서 관광객들은 이 경고를 무시했단다.

뉴기니 섬으로 놀러 간 한 수학자도 이런 경고를 들었지만, 금방 잊어버렸어. 아름다운 섬을 둘러보던 수학자는 코코넛이 주렁주렁 열린 야자나무 앞에서 걸음을 멈췄어. 그러고는 코코넛을 올려다보며 무심코 코를 비볐어. 코가 간지러웠거든.

그 순간, 갑자기 놀라운 일이 벌어졌어. 뉴기니 섬의 원주민들이 코코넛 열두 덩이를 수학자 앞에 가져다 놓는게 아니겠니? 그러고는 돈을 달라고 하는 거야. 수학자는 기가 막혀 얼굴을 붉히며 소리를 질렀어.

"아니, 내가 언제 코코넛을 산다고 했나? 난 그런 말 한 적 없어."

말이 통하지 않는 원주민들과 수학자는 손짓 발짓을 해 가며 티격태격 다투었지.

멀리서 이 모습을 보고 경찰이 뛰어왔어. 원주민들은 경찰에게 무언가를 열심히 설명했어. 경찰은 싱긋 웃으며 수학자에게 원주민들의 말을 통역해 주었지.

"당신이 원주민들에게 코코넛을 12개 달라고 하셨군요."

"난 그런 말 한 적 없다니까요."

수학자는 화를 내며 말했어.

"뉴기니 섬에서 사용되는 말에는 1, 2, 3, 4와 같은 숫자가 없습니다. 대신, 사람의 몸으로 수를 나타내지요. 아까 야자나무를 올려다보면서 코를 비비셨지요?

그걸 원주민들은 코코넛 12개를 달라는 말로 알아들은 것입니다. 왜냐 하면 이 섬에서는 코가 바로 '12'라는 뜻이니까요."

수학자는 뉴기니 섬에 도착하자마자 들었던 경고의 의미를 그제야 알게 되었지.

"아하! 그래서 함부로 몸을 만지지 말라고 했구나."

결국 수학자는 껄껄 웃으면서 원주민들에게 코코넛 값을 주었어. 그리고 경찰과 나란히 앉아 달콤한 코코넛 즙을 마시면서 뉴기니 섬 사람들의 재미있는 수세기에 대해 들었지.

"이 섬의 원주민들은 몸을 이용해 수를 말합니다. 손을 쫙 펴 보세요."

수학자는 머리를 끄덕였어.

"옛날 사람들은 숫자가 발명되기 전에 돌이나 막대 같은 물건으로 수를 표시했어요. 그러다가 몸으로 숫자를 표시하는 방법으로 발전하였지요. 여기 뉴기니 섬에서는 지금도 여전히 숫자가 발명되기 전 방법으로 수를 표시하고 있군요."

여행에서 돌아온 수학자는 '뉴기니 섬 사람들의 재미있는 수세기'에 대한 이야기를 글로 써서 사람들에게 알렸지. 사람들은 무척 재미있어했어.

그린란드 섬 사람들의 숫자 세기

그로부터 몇 년 뒤, 수학자가 이번에는 유럽으로 여행을 떠났어. 유럽의 맨 위, 북극과 가장 가까운 나라, 그린란드에 도착했지. 그린란드 섬의 원주민은 에스키모 인들이야. 수학자는 에스키모 인들도 몸의 일부를 사용해서 셈을 한다는 사실을 알게 되었어. 하지만 뉴기니 섬의 원주민들과는 또다른 방법이었지.

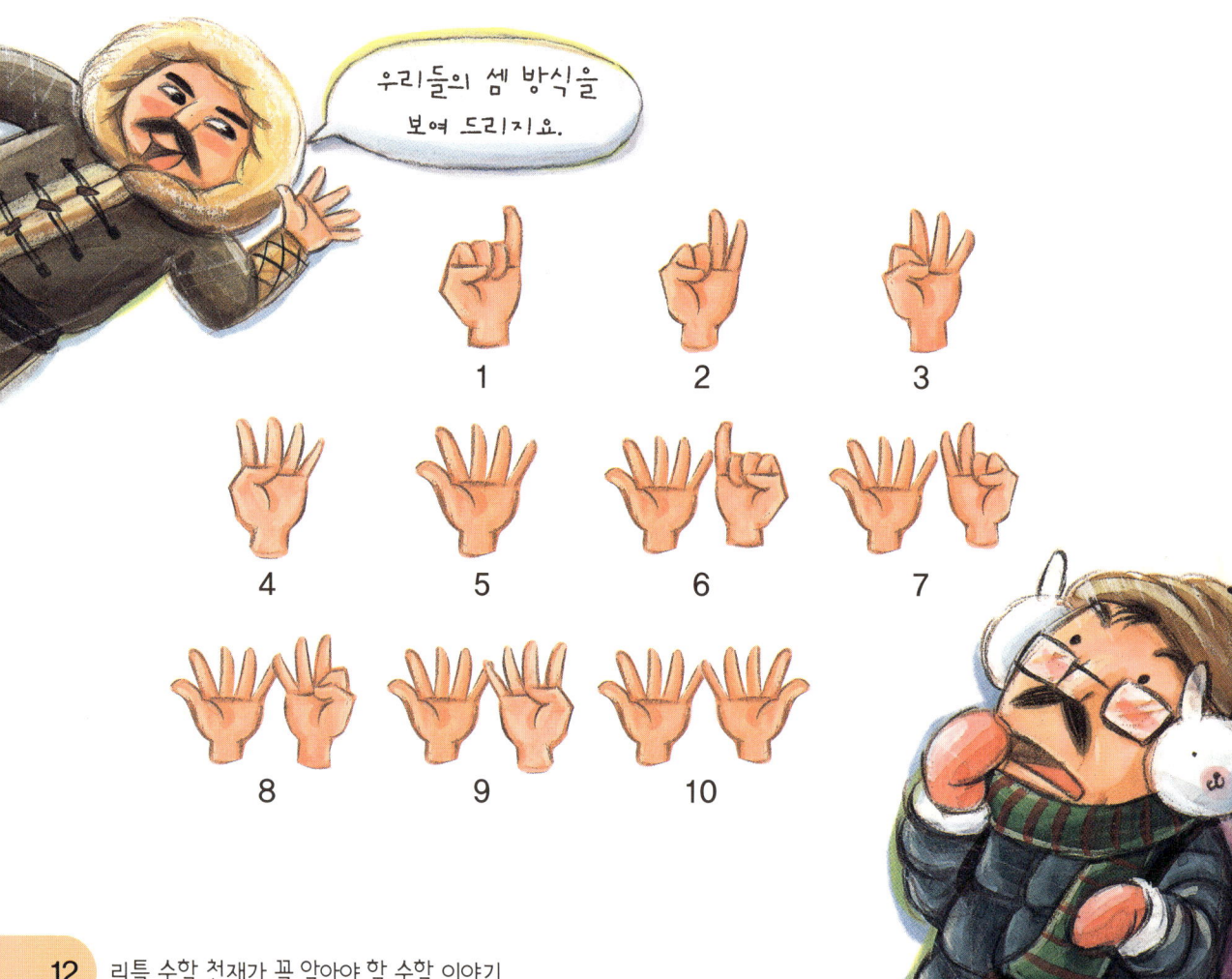

우리들의 셈 방식을 보여 드리지요.

십진법의 발견

옛날 사람들은 뉴기니 섬과 그린란드 섬의 원주민들처럼 자기 몸을 이용해서 수를 세었다. 처음에는 뉴기니 섬의 원주민들처럼 몸의 이곳 저곳으로 수를 나타냈다. 하지만 숫자가 늘어남에 따라 외워야 할 신체의 부분들이 너무 많아지자 사람들은 셈하기를 어려워했다.

어느 날, 영리한 사람 하나가 손가락과 발가락을 사용해서 수를 세는 방법을 발명했다. 그러나 손가락을 접었다 펴면서 수를 세는 것은 쉬워도, 발가락을 접었다 펴는 것은 너무나도 힘들었다.

그래서 양 손의 손가락 10개만 사용하기로 했다. 양 손의 손가락이 10개뿐이니, 10개를 넘어서면 하나로 묶어 큰 수로 하자고도 약속했다. 10개씩 묶은 꾸러미가 몇 개인가를 세니, 100까지 세는 것도 아주 쉬워졌다. 그러다가 점점 10 이상, 100 이상, 1000 이상의 수는 단위를 하나 올려서 셈하면 쉽다는 것을 깨닫게 되었다. 이런 셈법을 '십진법'이라고 한다.

지금 우리가 사용하는 0, 1, 2, 3, 4, 5, 6, 7, 8, 9를 사용하는 계산법이 바로 십진법이다. 십진법이 사용된 이유는 바로 사람의 손가락이 10개이기 때문이다.

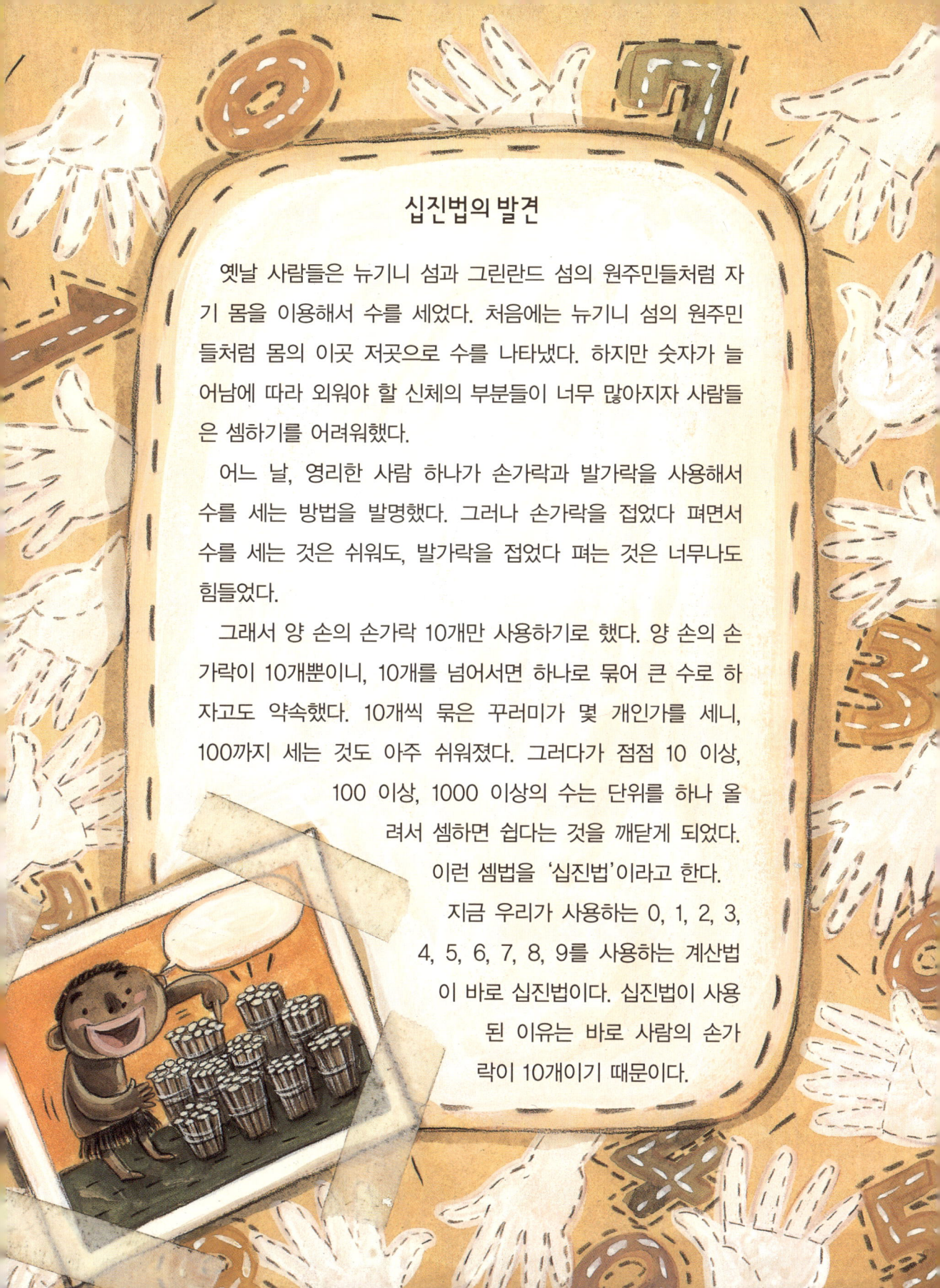

십진수와 오진수

사람의 손가락이 열 개가 아니라면?

옛날부터 사람들은 손가락 10개로 셈을 해 왔어. 지금도 수를 처음 배우는 어린아이들은 손가락을 사용해서 셈을 하지. 그런데 만약 손가락이 10개가 아니라면 어떨까? 손가락이 2개밖에 없거나 5개이거나, 혹은 12개라면 어떻게 셈을 해야 할까?

옛날 어떤 나라에 오른손만 사용하는 사람들이 살았어. 그 사람들은 오른손은 귀하고 좋은 손이라 생각하고, 왼손은 더럽고 추한 손이라 여겨 부끄러워했지. 왼손은 오직 화장실에서 볼일을 보고 난 뒤 엉덩이를 닦을 때만 썼어. 다른 사람에게 자신의 왼손을 보여서는 절대 안 된다고 생각했기 때문에, 왼손은 항상 옷 속이나 주머니 속에 감추어 두었단다.

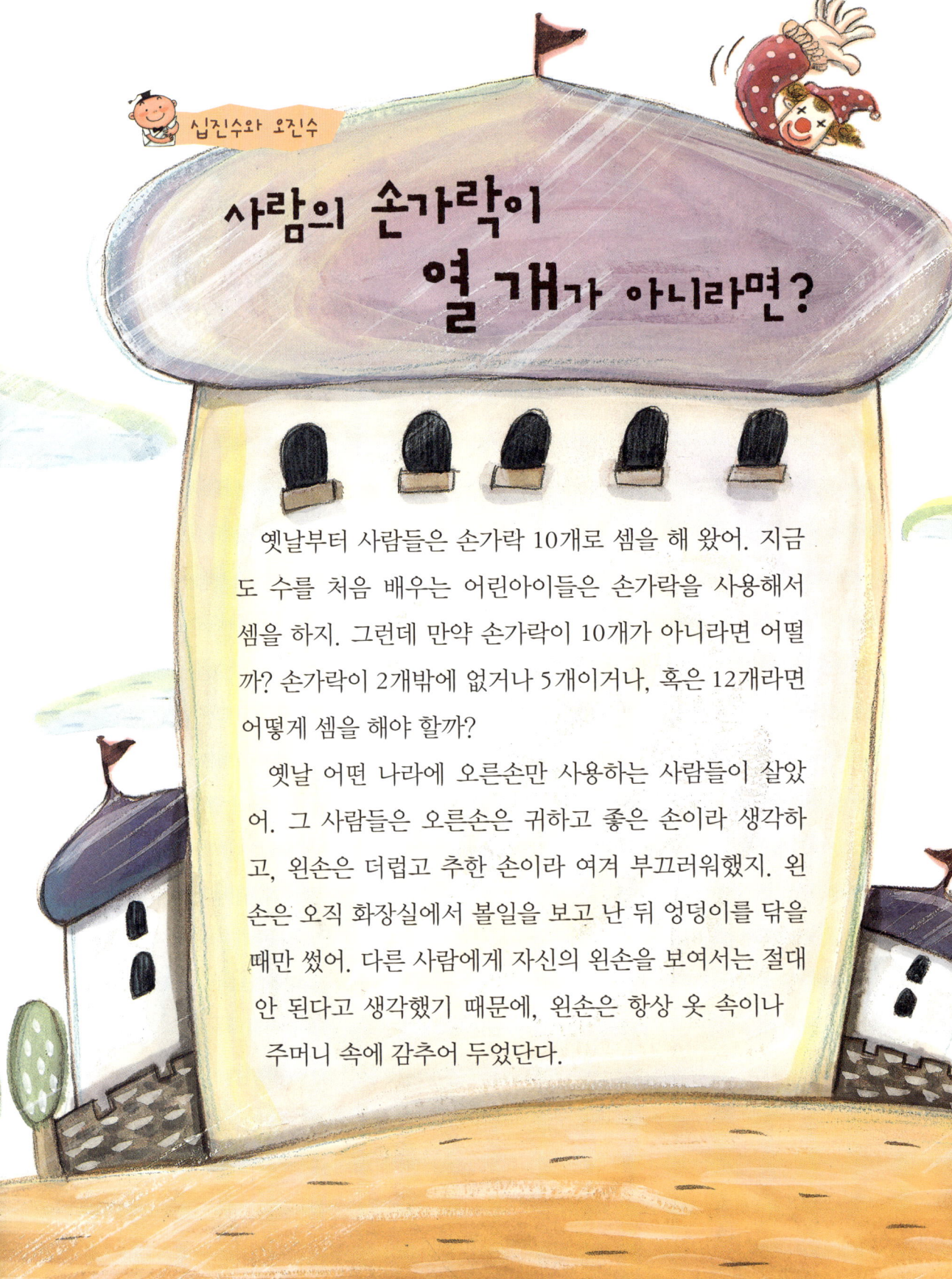

그 사람들은 자기에게 손이 두 개 있다는 것도 잊어버리고(화장실에서만 기억했지.) 항상 오른손만 사용했어. 밥을 먹을 때도, 일을 할 때도, 공부를 하거나 세수를 할 때도 말이야. 그러니 얼마나 불편했겠어? 하지만 이 나라 사람들은 불편한 줄도 몰랐단다.

수를 셀 때도 당연히 오른손 손가락 5개만 사용했어. 그러니까 5를 넘어서는 수는 생각도 못 했지. 5를 넘어서는 수는 5와 1, 5와 2, 5와 3, 이런 식으로 수를 세었던 거야.

신기한 오진수

이렇게 5를 단위로 하여 수를 나타내는 법을 '오진법'이라고 불러. 그런데 우리가 흔히 사용하는 계산법은 십진법이야. 십진법에서는 0, 1, 2, 3, 4, 5, 6, 7, 8, 9와 같이 숫자 10개가 사용되지만, 오진법에서는 0, 1, 2, 3, 4와 같이 숫자가 5개만 사용돼. 십진법으로 계산된 수를 십진수라고 하고, 오진법으로 계산된 수를 오진수라고 불러. 십진수와 오진수가 어떻게 다른지 한번 볼까?

오진수를 십진수와 구별하기 위해 오진수 옆에 '(5)'라는 표시를 작게 붙여 두지. 오진수 20은 20₍₅₎과 같이 쓰는 거야. 고대 로마 사람들도 오진법으로 수를 세었다고 해.

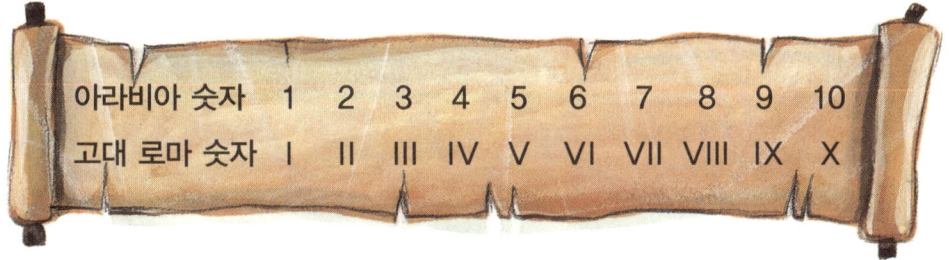

고대 로마 숫자는 요즘에도 볼 수 있어. 숫자를 멋지게 쓰고 싶을 때 주로 쓰지. 시계 파는 상점에 가 보면 고대 로마 숫자로 표시한 시계를 쉽게 볼 수 있어. 5를 뜻하는 V를 중심으로 숫자가 하나씩 늘어나고 줄어드는 거 눈치챘니?

사람의 손가락이 열 개가 아니라면?

〈걸리버 여행기〉에 숨어 있는 비밀

옛날 영국 사람들은 손가락 10개로 셈을 할 줄 몰랐다. 대신 12를 한 단위로 수를 세었다. 그럴 리가 없다고? 증거를 보여 주지.

영국 작가 조나단 스위프트의 소설 〈걸리버 여행기〉를 읽어 보자. 〈걸리버 여행기〉는 각각 작은 사람들의 나라, 큰 사람들의 나라, 하늘을 나는 섬의 나라, 말들의 나라로 이루어져 있다. 그 중에 '작은 사람들의 나라' 이야기에서 영국 사람들이 12를 셈의 단위로 썼다는 증거를 찾을 수 있다.

걸리버가 소인국에 도착하자, 소인국 사람들은 걸리버의 한 끼 식사로 소인국 사람 1728명분을 만들어서 걸리버에게 준다. 그런데 왜 하필 1728명분이었을까?

스위프트가 살던 당시 영국에서는 12가 셈의 단위로 쓰이고 있었다. 스위프트는 걸리버의 키를 소인국 사람들보다 12배 크다고 생각했다. 키가 12배라면, 넓이는 가로×세로니까, 12×

12=144배가 된다. 그렇다면 부피는 가로×세로×높이니까, 12×12×12=1728이다. 그래서 스위프트는 키가 12배인 걸리버의 부피가 소인국 사람들의 1728배라고 생각한 것이다. 걸리버가 소인국 사람들보다 1728배 더 먹어야 한다고 생각한 데는 이런 이유가 있었다.

12가 기준으로 사용되는 곳은 지금도 많이 있다. 연필 1다스는 왜 10개가 아니라 12개일까? 12가 셈의 단위로 쓰이던 시절에 정해졌기 때문이다. 시계의 눈금도 12로 나뉘어 있다. 1년이 12달인 것도 12가 단위로 쓰인 것과 관련이 있다. 이렇게 12를 한 묶음으로 세는 수 계산법을 '십이진법'이라고 부른다.

삼각수의 비밀

세모와 네모! 만화 주인공의 이름 같지만 세모와 네모, 즉 삼각형과 사각형은 숫자만큼이나 중요한 수학의 한 부분이야.

어느 날, 0부터 9까지 숫자 친구들이 세모와 네모에게 시비를 걸어 왔어.

"수학에서는 우리들 숫자가 제일 중요해."

"우리가 없으면 '수학'은 사라져 버리고 말걸."

"맞아! 수학은 우리들, 열 개의 아라비아 숫자만으로도 충분해. 너희들 도형은 모두 사라져야 해. 수학에 도형이 나오면 갑자기 어려워진단 말야."

숫자 친구들은 서로 맞장구를 치며 떠들었어.

"하지만 우리가 사라지면 너희들도 함께 사라지는걸."

네모의 말에 숫자 친구들은 깜짝 놀랐어. 세모와 네모가 사라지면 숫자 친구들도 사라진다니, 대체 무슨 말일까?

세모와 네모는 큰 소리로 동그라미 친구들을 불렀어. 그러자 수십 개의 조그마한 동그라미 친구들이 우르르 몰려왔지.

"우리를 좀 도와 줘. 여기 숫자 친구들한테 세모와 네모 속에 숨어 있는 비밀을 알려 주자."

네모가 귓속말로 속삭였어.

"좋아, 좋아."

동그라미 친구들은 곧장 넓은 도화지 위로 뛰어가서 줄을 맞춰 늘어섰어. 그런데 한 줄로 늘어선 것이 아니야.

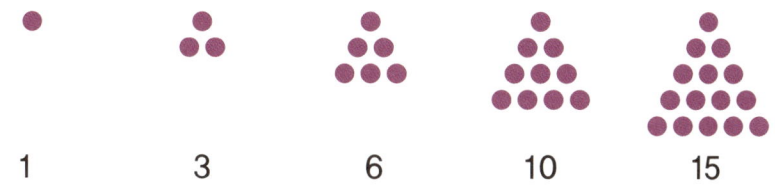

"동그라미들아, 너희들 왜 세모 모양으로 서 있는 거니?"

1이 묻자 세모가 대답했지.

"지금 동그라미 친구들은 삼각형을 만든 거야. 동그라미의 개수를 세어 봐. 처음 친구는 혼자 있지만, 그 뒤에 친구들은 3개, 6개, 10개, 15개가 모여서 삼각형 모양을 만들었어. 그래서 1, 3, 6, 10, 15를 '삼각수'라고 부르지. 그런데 이 삼각수 속에는 엄청난 비밀이 숨어 있어."

"비밀이라고?"

세모와 네모의 비밀

숫자 친구들은 비밀이라는 말에 호기심을 느꼈어.

"삼각수인 3은 1과 2를 더한 수야. 1 + 2 = 3이지. 또한 6은 1, 2, 3을 모두 더한 수이지. 1 + 2 + 3 = 6. 그리고 1, 2, 3, 4를 모두 더하면 10이 되지. 1 + 2 + 3 + 4 = 10. 어때? 신기하지?"

"우아!"

숫자 친구들의 입이 딱 벌어졌어. 너무 놀라웠거든.

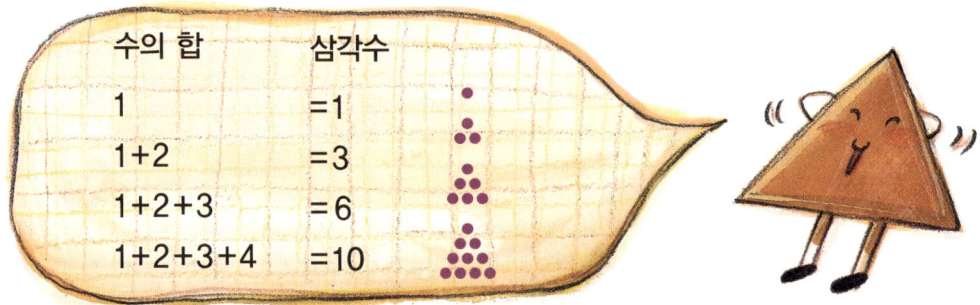

"정말 멋지다. 그러니까 세모 안에 보이지 않는 숫자들이 숨어 있었구나."

0부터 9까지 숫자 친구들은 감탄하며 말했어.

"그렇다면 맨 아래 밑변이 동그라미 10개로 되어 있는 삼각형을 만들려면, 동그라미 친구들이 몇 명이나 필요할까?"

세모가 갑자기 문제를 냈어. 숫자 친구들은 머리를 맞대고 의논하더니, 나란히 한 줄로 늘어섰지.

"그런 문제쯤이야 정말 쉽지. 자, 우리들을 봐."

1+2+3+4+5+6+7+8+9+10=55

"맞았어. 동그라미 55개가 모이면 밑변이 동그라미 10개인 삼각형을 만들 수 있어."
세모가 싱긋 웃으며 말했어.

사각수의 비밀

잠자코 옆에서 구경만 하던 네모가 갑자기 입을 열었어.
"그러니까 55도 삼각수이지. 그런데 너희들 사각수도 있는데, 알고 있니?"
"우아, 사각수는 또 뭐야?"
네모가 동그라미 친구들에게 눈을 찡긋하자, 동그라미 친구들은 또 바쁘게 모양을 만들었어.

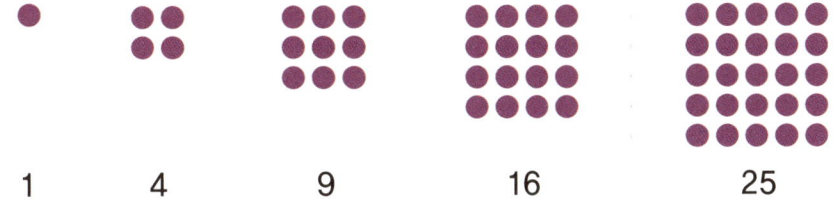

"자, 봐. 동그라미 4개, 9개, 16개, 25개가 모이면 이렇게 사각형을 만들 수 있어. 이런 수를 '사각수'라고 하지. 그런데 사각수에는 삼각수와는 또다른 비밀이 숨어 있단다."

사각수 속에 숨은 비밀은 무엇일까? 숫자 친구들은 네모가 어서 설명해 주기를 기다렸어.

잘 보고 생각해 봐, 무슨 비밀인지. 너희들도 금방 알아 낼 수 있어.

1 = 1
4 = 1+3
9 = 1+3+5
16 = 1+3+5+7
25 = 1+3+5+7+9

"알았다! 사각수는 홀수를 합친 수야."
영리한 7이 큰 소리로 말했어.
"정말 멋지다. 너무 재미있어."
숫자 친구들은 요란하게 떠들었어. 숫자 친구와 세모, 네모, 동그라미들은 서로 다투었다는 것도 잊어버렸어. 너무너무 재미있는 수학 때문이었지.

삼각수와 사각수의 비밀을
맨 처음 알아 낸 사람은 누구일까?

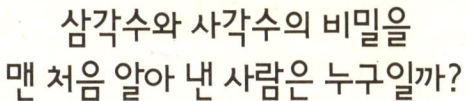

바로 피타고라스와 그의 제자들로 이루어진 피타고라스 학파이다. 피타고라스는 약 2500년 전 고대 그리스에 살았던 무지무지 유명한 수학자이다.

피타고라스와 제자들은 밤 하늘에 떠 있는 별을 보면서도 수를 생각했다. 그래서 다른 사람들이 별자리 하나하나에 아름다운 이름과 이야기를 만들고 있을 때, 피타고라스와 제자들은 별자리에 이름처럼 하나씩 수를 붙여 줬다.

"별자리뿐만이 아니다. 이 세상의 모든 것은 자기만의 '수'를 갖는다."

피타고라스와 제자들은 이렇게 믿었다. 이 생각은 점점 강해져서 나중에는 이렇게 주장했다.

"만물의 근원은 수이다."

이뿐만 아니라 피타고라스 학파는 수는 어떤 모양을 가지고 있다고 생각했다. 그래서 항상 수와 도형을 함께 생각했고, 수와 도형 사이에 숨어 있는 비밀을 발견하려고 노력했다. 그리고 마침내 발견해 낸 것이 바로 '삼각수'와 '사각수'이다.

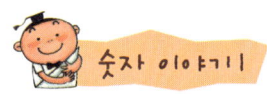 숫자 이야기1

1부터 5까지 숫자의 비밀

- 우리가 꼭 하고 싶은 말이 있어.
- 모든 수는 열 개의 숫자로 이루어져 있어. 열 개의 숫자들이 없다면, 당연히 수학도 없을 거야.
- 그렇지만 우리들 숫자는 각자 서로 다른 비밀을 갖고 있어. 한번 들어 볼래?
- 우아, 재미있겠는데. 한번 들어 보자.

1의 이야기

　이 세상에 나, 1이 없다면, 그 어떤 것도 존재하지 않을 거야. 왜냐 하면 나, 1은 '시작'과 '존재'를 의미하는 수니까.

　세상에서 하나밖에 없는 것은 무엇이 있을까? 잘 생각해 봐. 딱 하나밖에 없는 것을 찾는 일은 생각만큼 쉽지 않아. 해와 달이라고? 물론 지구에서 볼 수 있는 해와 달은 하나뿐이야. 하지만 태양계를 벗어나 은하계 전체에서 찾아보면 해와 달과 비슷한 천체는 여러 개 있어. 은하계를 벗어나 우주 전체에서 찾아본다면 셀 수도 없을 만큼 많은 해와 달을 만나게 될 거야.

　어때? 이 세상에 하나밖에 없는 것을 찾아 냈니? 아직도 못 찾았다고? 혹시 찾게 되면 바로 날 찾아와. 숫자 1, 내가 하나밖에 없는 그것을 나타내는 숫자니까.

　하지만 숫자 1이 항상 좋은 의미만 가지고 있는 것은 아니야. 작고 보잘것없다는 뜻으로 쓰일 때도 많지. 하지만 아무리 위대하고 훌륭한 것도 처음에는 작고 보잘것없어 보이거든. 아주 작은 씨앗이 커다란 나무가 되고, 조그맣게 태어난 아기가 훌륭한 어른이 되는 것처럼 말이야.

　지금까지는 수학이 너무 싫었다고? 그럼 지금부터 나, 숫자 1과 함께 시작하는 거야. 그럼 너도 수학 천재가 될 수 있어.

2의 이야기

난 정말 억울해! 나보고 악을 나타내는 수라고 하잖아. 1은 빛, 신, 선, 하늘을 의미하고, 나 2는 어둠, 악마, 악, 땅을 의미한대. 1은 좋은 뜻만 가지고 2는 나쁜 뜻만 가진다니, 너무너무 억울해. 당장 사라져 버리고 싶을 정도야.

하지만 내가 없으면 세상은 정말 이상한 곳이 되고 말걸. 제일 먼저, 컴퓨터가 사라지게 될 거야. 왜냐 하면 컴퓨터는 숫자 2개만 사용하는 기계거든. 컴퓨터나 전자 계산기는 0과 1, 두 개의 숫자만을 사용해서 작동해. 이런 방법을 '이진법'이라고 부르지. 봐, 2진법! 내가 들어가잖아. 또 남자와 여자를 함께 나타내는 수도 바로 나, 2야. 이 세상에 남자만 있거나 여자만 있다면, 인류는 곧 멸망하고 말걸.

게다가 내가 사라지면 정말 중요한 숫자인 나의 사촌 12도 함께 사라지게 될 거야. 12가 사라지면, 세상은 뒤죽박죽 엉망이 되고 말걸. 벽에 걸려 있는 달력과 시계를 봐. 1년은 12달로 나뉘고, 시계는 12로 나누어지잖아. 이제 알았지? 나, 숫자 2가 얼마나 중요하고 고마운 존재인지 말이야.

3의 이야기

1과 2는 왜 저렇게 툭하면 다투는지 모르겠어. 하지만 걱정 마. 나, 숫자 3이 있잖아. 3은 완벽과 조화를 나타내는 수야. 1과 2가 선과 악을 나타낸다면, 3은 선과 악이 사이좋게 지내도록 중간에서 조정해 주는 조화의 수지. 1 + 2 = 3이잖아.

그래서 3은 옛날 이야기에도 자주 나온단다. 특히 성경에서 3은 정말 중요한 숫자야. 예수님은 태어날 때 동방 박사 3명으로부터 3가지 예물을 받았고, 33세에 죽었으나 3일 만에 부활했다고 하지. 또 넓은 들판에서 악마에게 3번 유혹을 받았지만, 모두 이겨 냈다고 해.

동양에서도 하늘, 땅, 사람, 세 가지를 가장 중요하게 생각했어. 혹시 나중에 절에 가게 되거든 법당에 부처님이 몇 명 앉아 있는지 보렴. 모든 절의 법당에는 세 분의 부처님이 앉아 있단다.

또 있어. 일제 강점기에 일어났던 3·1 운동 잘 알지? 그 때 독립 선언서에 서명한 민족 대표가 모두 33명이었어. 왜 하필 34명도 아니고 32명도 아닌 33명이었을까? 그건 바로 3이 완벽과 조화를 나타내는 좋은 수이기 때문이야.

4의 이야기

난 가끔 몹시 화가 나. 우리 나라 사람들은 숫자 4를 너무 싫어하거든. 어떤 건물에는 아예 4층이 없다니까. 3층 다음에 바로 5층으로 만들거나, 4라는 숫자 대신 영어 알파벳 F로 표시하는 거야.

그런데 그 이유가 뭔지 아니? 숫자 4가 한자의 죽을 사(死)와 발음이 같기 때문이래. 정말 말도 안 되는 엉터리 아니니? 그러면서 세 잎 클로버가 아닌 네 잎 클로버가 행운을 가져다 준다고 믿는 이유는 또 뭐야? 정말 이상해.

누가 뭐라고 해도 4는 아주 중요한 숫자야. 동, 서, 남, 북, 방향을 표시할 때도 이렇게 네 개로 나누어 말해. 게다가 일 년은 봄, 여름, 가을, 겨울 4계절로 나뉘지. 이렇게 4는 방향과 시간을 나타내는 중요한 숫자란다. 더 이상 4를 말도 안 되는 이유로 미워하지 말아 줘! 부탁이야.

5의 이야기

 반장 선거를 할 때, 누가 몇 표를 얻었는지 칠판에 적을 때 어떻게 하니? 숫자로 쓰니? 아니면 빗살무늬 막대로 표시하니? 가장 많이 쓰이는 방법은 한문으로 바를 정(正) 자를 쓰는 거야. 정 자가 다섯 개의 직선으로 이루어져 있기 때문이지.

 아주 오랜 옛날, 숫자가 이 세상에 태어나기 전부터 5는 정말 중요한 수였어. 사람들은 셈을 할 때 5개로 끊어서 세었지. 왜냐 하면 사람의 한 손과 한 발에 각각 손가락과 발가락이 5개씩 있기 때문이야. 그래서 고대 로마 사람들이 사용한 숫자는 5(V)가 기준이었단다. 로마 숫자가 어떤 건지 알고 싶다고? 여길 봐.

아라비아 숫자	1	2	3	4	5	6	7	8	9	10
로마 숫자	I	II	III	IV	V	VI	VII	VIII	IX	X

숫자 이야기 2

6부터 0까지 숫자의 비밀

6의 이야기

666! 혹시 이런 숫자를 본 적 있니? 우리 나라 사람들이 4를 싫어하는 것처럼 서양 사람들은 666이란 숫자를 싫어해. 이건 다 6이 타락, 배반, 죽음을 나타내는 악마의 수라고 씌어 있는 성경 때문이야. 하지만 난 정말 억울해. 왜 숫자 6을 미워하는 거지?

사실, 숫자 6은 자연과 우주를 의미하는 수야. 너희들 육각형 알지? 육각형은 우주를 의미하는 도형이야. 콜롬비아에 사는 인디언들은 우주를 이야기할 때 육각형을 그려서 표시하지. 눈의 결정은 제각각 모양은 다 다르지만, 모두 6각형으로 되어 있어. 가장 아름답고 튼튼하면서, 다른 6각형들과 잘 어울릴 수 있기 때문이지.

숫자 6은 우주와 자연, 만물의 근원을 표시하는 아름다운 수야. 이제부터는 날 이렇게 기억해 줘. 부탁해.

7의 이야기

럭키 세븐 7! 나, 7만큼 사람들의 사랑을 받는 수가 또 있을까? 나는 행운을 나타내는 수거든. 무지개가 일곱 가지 빛깔이며, 하늘에 떠 있는 아름다운 별자리 북두칠성이 일곱 개의 별로 되어 있기 때문이야. 사람들은 낮에는 무지개, 밤에는 북두칠성을 보며 행운과 행복을 빌었지. 동양에서는 북두칠성을 '칠성님'이라고 부르며 신으로 섬겼어. 서양에서는 하느님이 6일 동안 세상을 만들고, 7일째 되는 날에 쉬었다고 믿기 때문에 7을 사랑하지.

행운의 숫자, 7을 싫어하는 사람은 아무도 없어. 야호! 난 정말 행복한 수야.

8의 이야기

안녕! 나, 숫자 8은 숫자 4의 사촌쯤 돼. 무슨 말이냐고? 잘 들어 봐. 4는 동, 서, 남, 북 네 방향을 가리키는 수야. 하지만 동, 서, 남, 북으로 나누어진 방위만으로는 방향을 찾기가 너무 어려워. 좀 더 잘게 나눌 필요가 있지. 남동, 남서, 북서, 북동으로 말이야. 그때 내가 필요해. 4방위에 4방위가 더해져서 모두 8방향으로 나누어지는 거야. 즉, 나 8은 4의 완성형인 셈이지.

게다가 성서에 666이 악마의 수라고 씌어 있는 반면, 888은 부활의 수라고 씌어 있지. 그건 바로 숫자 8이 완성을 의미하기 때문이야.

9의 이야기

중국 사람이 가장 좋아하는 수 가운데 하나는 바로 나, 9야. 왜냐구? 9가 바로 오래오래 건강하게 사는 '장수'를 의미하기 때문이지. 중국 사람들이 9를 얼마나 좋아하는지를 보여 주는 재미있는 이야기가 있어. 실제로 일어났던 일이야.

1999년 9월 9일 9시 9분 9초에 우리 나라 제주도에서 수백 명의 중국 사람들이 합동 결혼식을 올렸어. 중국 사람들은 9가 가장 많이 들어가는 때를 기다려서 결혼을 하면 오래오래 행복하게 살 수 있다고 믿거든.

숫자 7을 행운의 수라고 여기는 사람들도 많지만, 숫자 9를 7보다 더 좋아하는 사람들도 이 세상에는 아주 많아. 너는 7과 9 중에 어떤 수가 더 마음에 드니?

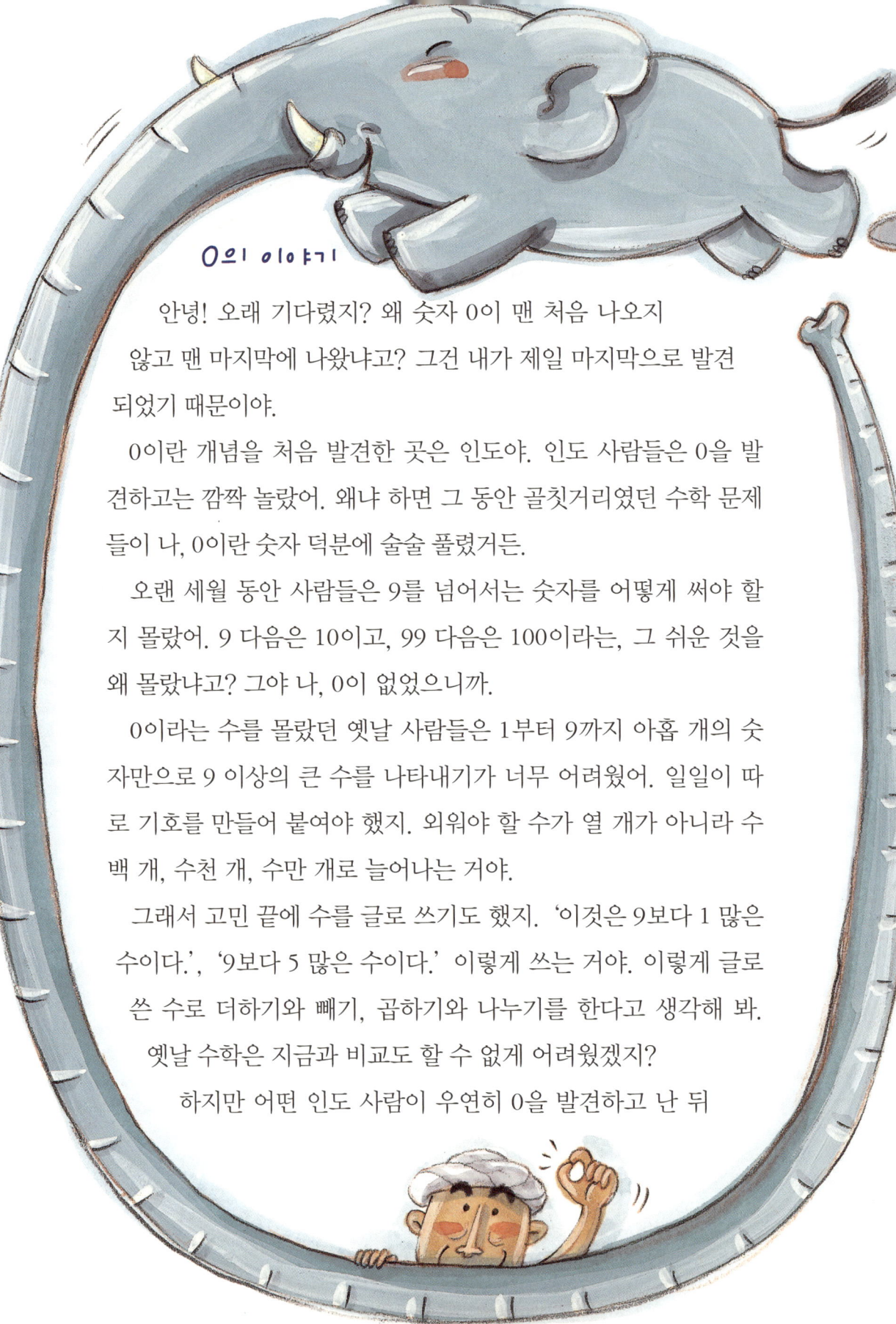

0의 이야기

안녕! 오래 기다렸지? 왜 숫자 0이 맨 처음 나오지 않고 맨 마지막에 나왔냐고? 그건 내가 제일 마지막으로 발견되었기 때문이야.

0이란 개념을 처음 발견한 곳은 인도야. 인도 사람들은 0을 발견하고는 깜짝 놀랐어. 왜냐 하면 그 동안 골칫거리였던 수학 문제들이 나, 0이란 숫자 덕분에 술술 풀렸거든.

오랜 세월 동안 사람들은 9를 넘어서는 숫자를 어떻게 써야 할지 몰랐어. 9 다음은 10이고, 99 다음은 100이라는, 그 쉬운 것을 왜 몰랐냐고? 그야 나, 0이 없었으니까.

0이라는 수를 몰랐던 옛날 사람들은 1부터 9까지 아홉 개의 숫자만으로 9 이상의 큰 수를 나타내기가 너무 어려웠어. 일일이 따로 기호를 만들어 붙여야 했지. 외워야 할 수가 열 개가 아니라 수백 개, 수천 개, 수만 개로 늘어나는 거야.

그래서 고민 끝에 수를 글로 쓰기도 했지. '이것은 9보다 1 많은 수이다.', '9보다 5 많은 수이다.' 이렇게 쓰는 거야. 이렇게 글로 쓴 수로 더하기와 빼기, 곱하기와 나누기를 한다고 생각해 봐. 옛날 수학은 지금과 비교도 할 수 없게 어려웠겠지?

하지만 어떤 인도 사람이 우연히 0을 발견하고 난 뒤

모든 문제는 순식간에 해결되었어. 10, 100, 1000, 10000, 100000 등 큰 수를 쉽게 쓸 수 있게 된 거야. **1에서 9까지 아홉 개의 숫자와 0을 써서 10이 될 때마다 한 자리씩 올려 가는 방법은 인류 역사상 가장 위대한 발명이었다고 말하는 사람들도 있지.**

0부터 9까지 열 개의 숫자들은 유치원에 다니는 어린 꼬마들도 쉽게 배우는 수야. 하지만 0을 포함한 열 개의 숫자가 모두 발견되기까지는 수천 년이 걸렸단다. 그러니까 0부터 9까지 열 개의 숫자를 아는 너희들은 이미 대단한 수학 천재들인 셈이야.

수학은 왜 배워야 할까?

수학은 꼭 배워야 하는 중요한 학문이다. 왜냐 하면 우리 생활에 꼭 필요하기 때문이다. 당장 가게에서 물건을 하나 사려고 해도 덧셈과 뺄셈을 못 한다면 거스름돈을 제대로 받아 올 수 없을 것이다. 마찬가지로 장사를 하는 사람이 덧셈, 뺄셈, 곱셈, 나눗셈을 모른다면, 자전거도 탈 줄 모르면서 자전거 경주에 나온 것과 똑같다. 장사뿐만 아니라 사업가가 되려고 해도 기본적으로 수학을 알아야 한다.

수학자가 되고 싶다면, 당연히 수학을 배워야 하고 아주 열심히 공부해야 한다. 과학자가 되고 싶다고 해도, 수학은 과학만큼 열심히 배워야 하는 학문이다. 물리학이나 화학 등은 수학처럼 공식을 만들어서 풀기도 한다. 그래서 유명한 과학자인 동시에 수학자인 사람들도 많다.

화가 중에서도 유명한 수학자가 많다. 레오나르도 다 빈치는 아주 유명한 화가이자 조각가이며, 동시에 아주 뛰어난 수학자이기도 했다. 조각을 하거나 그림을 그릴 때도 정확하게 계산을 하고 난 뒤 작업을 해야 하기 때문이다.

　이렇게 우리가 사는 세상에는 수학의 도움을 받지 않는 직업은 하나도 없다. 하지만 수학을 배우는 가장 중요한 이유는 수학을 통해 생각하는 힘을 기르고 생각하는 방법을 배울 수 있기 때문이다.

　아주 어려운 수학 문제를 만나면 처음에는 당황하게 되고, 나중에는 머리가 지끈지끈 아파 온다. 하지만 이 때, 쉽게 포기해서는 안 된다. 우선 문제가 무엇인지 차분하게 읽고 생각해 보아야 한다. 그리고 답을 찾기 위한 여러 가지 방법을 궁리한다. 수학 문제의 답을 찾는 방법은 한 가지가 아니다. 두세 가지에서 수십 가지 방법이 가능한 수학 문제도 있다. 그 방법을 찾아 내려고 노력하는 동안 어느 새 논리적으로 생각하는 힘이 저절로 길러진다.

　사람이 한평생을 사는 동안 '어려운 수학 문제'와는 비교도 안 될 만큼 '어렵고 힘든 일'을 수없이 겪게 된다. 어렵다고 바로 포기하는 사람도 있고, 논리적으로 차분히 생각해서 문제를 해결할 방법을 찾아 내는 사람도 있다. 여러분은 어떤 사람이 되고 싶은가? 수학을 배우는 이유는 바로 여기에 있다.

세상에서 가장 큰 수

이 세상에서 가장 큰 수는 뭘까?

오랜 옛날부터 사람들은 이 세상에서 가장 큰 수가 얼마인지 알고 싶어했어. 인도에 '항하사'라는 수가 있어. 항하사는 인도의 갠지스 강 바닥과 강둑에 흩어져 있는 모래알의 수를 나타내는 수야. 1 뒤에 0이 52개나 나오는 거대한 수(10^{52})지. 그렇다면 항하사가 이 세상에서 가장 큰 수일까? 항하사가 무지무지 큰 수인 것은 틀림없지만 항하사보다 큰 수가 있어.

고대 그리스 사람들은 1000이 넘는 숫자들을 모두 '아주 많은'이라는 뜻을 가진 한 단어로 표시했어. 1000을 넘어서는 수는 생각조차 하기 힘들었던 거야. 그런데 그런 시대에 철학자이자 수학자였던 아르키메데스는 〈모래를 계산하는 사람〉이란 제목의 책에 1뒤에 0이 63개나 붙어 있는 어마어마한 숫자를 적어 놓았어. 이런 수를 10^{63}이라고 쓰지. 아르키메데스는 이 수를 '우주를 모래로 가득 채우려면 필요한 모래알의 수'라고 설명했어. 실제로 이만큼 많은 모래알이 있다 하더라도 우주를 가득 채울 수는 없어. 아르키메데스는 우주가 너무너무 넓어서, 그 끝을 알 수 없다는 것을 몰랐거든. 하지만 그 오랜 옛날, 다른 사람들은 1000 이상의 수는 감도 잡지 못하던 시절에 이렇게 큰 수를 생각했다는 것만으로도 아르키메데스가 얼마나 대단한 수학자였는지 짐작할 수 있단다.

그렇다면 '우주를 모래로 가득 채우려면 필요한 모래알의 수'가 이 세상에서 가장 큰 수일까? 인도나 중국에서 오래 전부터 전해 내려오는 고서적들을 보면, 이보다 더 큰 수도 있어.

일(1), 십(10^1), 백(10^2), 천(10^3), 만(10^4), 억(10^8), 조(10^{12}), 경(10^{16}), 해(10^{20}), 자(10^{24}), 양(10^{28}), 구(10^{32}), 간(10^{36}), 정(10^{40}), 재(10^{44}), 극(10^{48}), 항하사(10^{52}), 아승기(10^{56}), 나유타(10^{60}), 불가사의(10^{64}), 무량대수(10^{68}), …

헉헉, 숨차다! 그렇다면 무량대수가 가장 큰 수일까? 아니, 무량대수보다 더 큰 수가 있어. 바로 겁(劫)이야. 무량대수보다 크다니, 얼마나 큰 수이기에 그럴까? '겁'이란 한 세상이 만들어졌다가 사라진 뒤, 다시 만들어지기까지의 시간을 뜻하는 수야. 또, 이렇게도 말하지. 선녀가 입은 비단옷이 거대한 바위를 100년에 한 번씩 스쳐서 그 바위가 다 닳을 때까지 걸리는 세월이라고 말야. 도대체 얼마나 긴 시간인지 상상하기도 어려워.

그렇다면 겁이 '이 세상에서 가장 큰 수'일까?

이 세상에서 가장 큰 수는…… '없다!' 아니 '모른다!'가 정답이야.

수가 아무리 많고 크더라도, 설사 겁이라 해도, 그 수를 끝까지 셈할 수 있다면, 그 수는 세상에서 가장 큰 수가 아니야. '겁보다 하나 큰 수'라고 하면 겁보다 큰 수가 되니까. 그래서 이 세상에서 가장 큰 수는 그 누구도 알 수가 없단다. 이렇게 끝을 알 수 없는 것을 '무한'이라고 불러. 그리고 수학에서는 끝을 알 수 없는 수를 기호 '∞'로 나타내.

그런데 '무한'이란 개념을 왜 알아야 하는 걸까? 무한한 수가 실제로 우리 생활에서 쓰이고 있기 때문이야.

동그라미, 즉 원의 둘레나 넓이를 계산하는 방법은 학교에서 배웠지? 아직 배우지 않았다면 곧 배우게 될 거니까, 미리 조금 알아보는 것도 좋겠지.

원의 둘레와 넓이를 구하는 공식을 적어 볼까?

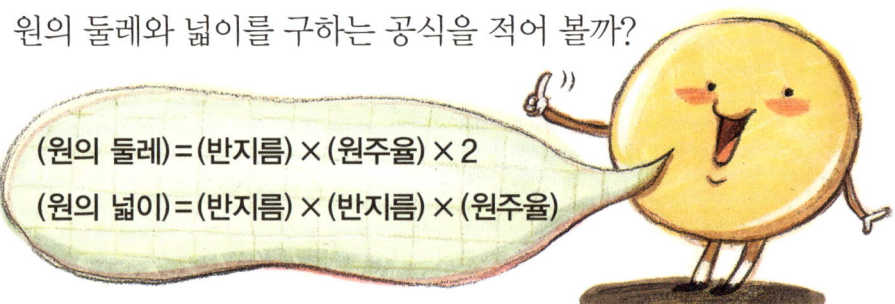

(원의 둘레) = (반지름) × (원주율) × 2
(원의 넓이) = (반지름) × (반지름) × (원주율)

여기서 원주율을 초등 학교에서는 3.14라고 가르치지. 하지만

중학교에 가면 원주율을 'π'라는 기호로 표시하라고 가르쳐 줘. 이유가 뭘까? 똑같은 것을 왜 초등학교와 중학교에서 다르게 가르치는 거지? 반지름이 3㎝인 원의 둘레를 중학생들은 3 × 2 × π = 6π라고 계산하지. 초등 학교 수학보다 쉬워지네. 골치 아픈 소수점 곱셈을 안 해도 되니까.

그런데 왜 숫자가 아니라 기호로 표시하는 걸까? 사실 원주율은 3.14가 아니라 '무한수'이기 때문이야.

원주율 π = 3.1415926535897932384626433…

원주율이 정확히 어떻게 끝나는지는 아무도 몰라. 아직까지도 밝혀 내지 못했어. 지금도 어떤 슈퍼컴퓨터가 계속 계산하고 있지만, 끝나지 않고 있다지 뭐야. 만약 원주율 계산이 끝이 나서 원주율이 어떻게 끝나는지 알게 된다면 분명히 신문에 날 거야. 신문에 다 실을 수 있을지는 모르겠지만. 무한수는 이렇게 우리 바로 곁에 살아 있어. 놀랍지 않니?

뭐? 무한수가 뭔지 아직도 잘 모르겠다구? 그럼 다음 이야기를 잘 읽어 봐.

무한 호텔에 간 어부

어느 날, 바다에서 고기를 잡던 어부의 배가 고장이 났다. 파도에 휩쓸려 바다 위를 떠돌던 어부는 가까스로 섬 하나를 발견했다. 어부는 망가진 배를 몰아 간신히 그 섬에 다다를 수 있었다.

섬에는 커다란 호텔이 하나 있었는데, 얼마나 큰지 그 끝이 구름에 가려 보이지 않을 정도였다. 호텔의 간판에는 '무한 호텔'이라고 적혀 있었다.

어부는 호텔로 들어가 방을 하나 달라고 말했다. 그러나 호텔 직원은 아쉬운 표정으로 고개를 흔들었다.

"죄송합니다. 오늘은 천국에서 무한히 많은 손님이 찾아오셨습니다. 그래서 저희 호텔 방이 가득 차 버렸습니다."

금방이라도 쓰러질 것처럼 피곤한데 방이 없다니, 어부는 바닥에 주저앉아 울고 싶었다. 그 때, 호텔 지배인이 달려왔다.

"손님, 걱정 마십시오. 방을 준비해 드리겠습니다."

지배인은 마이크를 들고 호텔 구석구

석 들리도록 방송을 했다.

"죄송합니다, 손님 여러분. 여러분에게 배정된 방의 번호가 하나씩 틀렸습니다. 방 번호를 잘 확인하시고, 번호가 하나씩 큰 옆방으로 옮겨 주십시오."

천국에서 온 천사 손님들은 너무 착했다. 그래서 아무 불평 없이 지배인이 부탁한 대로 방을 옮겼다. 1호실에서 잠을 자던 천사는 2호실로, 2호실에서 쉬고 있던 천사는 3호실로, 3호실에서 책을 읽던 천사는 4호실로, 4호실에서 밥을 먹던 천사는 밥상을 들고 5호실로…… 무한히 많은 천사들이 모두 방을 옮겨 갔다. 그러자 1호실이 비었다. 어부는 깜짝 놀랐다.

도대체 여기는 어떤 호텔일까? 어부는 호기심이 생겼지만 너무나도 피곤했기 때문에 금세 곯아떨어졌다.

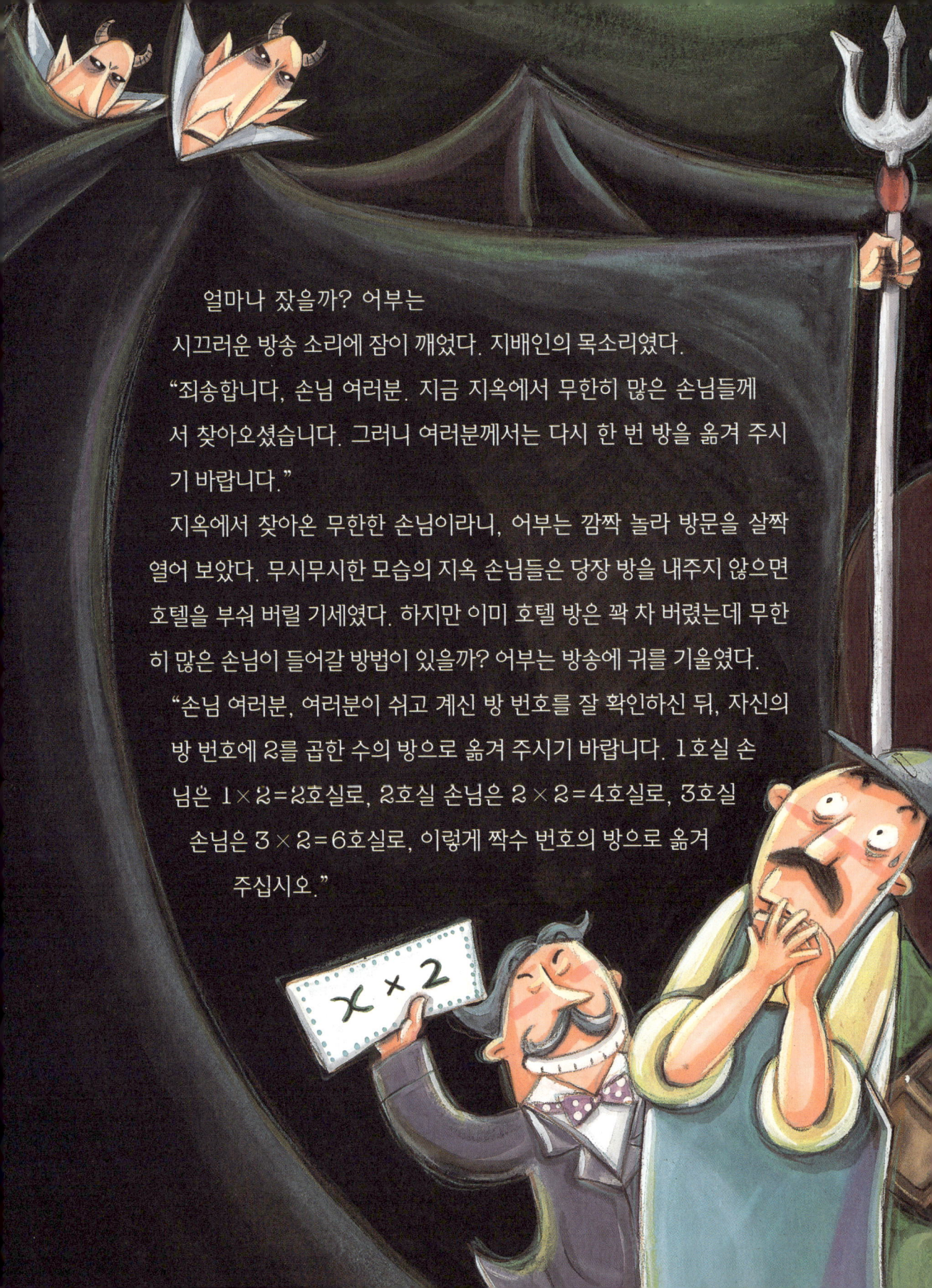

얼마나 잤을까? 어부는 시끄러운 방송 소리에 잠이 깨었다. 지배인의 목소리였다.

"죄송합니다, 손님 여러분. 지금 지옥에서 무한히 많은 손님들께서 찾아오셨습니다. 그러니 여러분께서는 다시 한 번 방을 옮겨 주시기 바랍니다."

지옥에서 찾아온 무한한 손님이라니, 어부는 깜짝 놀라 방문을 살짝 열어 보았다. 무시무시한 모습의 지옥 손님들은 당장 방을 내주지 않으면 호텔을 부숴 버릴 기세였다. 하지만 이미 호텔 방은 꽉 차 버렸는데 무한히 많은 손님이 들어갈 방법이 있을까? 어부는 방송에 귀를 기울였다.

"손님 여러분, 여러분이 쉬고 계신 방 번호를 잘 확인하신 뒤, 자신의 방 번호에 2를 곱한 수의 방으로 옮겨 주시기 바랍니다. 1호실 손님은 1×2=2호실로, 2호실 손님은 2×2=4호실로, 3호실 손님은 3×2=6호실로, 이렇게 짝수 번호의 방으로 옮겨 주십시오."

어부와 천국에서 온 천사 손님들은 이번에도 불평 한 마디 없이 방을 옮겼다. 그러자 1, 3, 5, 7, 9, … 등 홀수 번호의 방이 모두 비었다. 지옥에서 온 무한한 손님들은 홀수 번호의 방으로 모두 들어갔다. 그래서 어부는 물론, 천국에서 온 무한한 손님들과 지옥에서 온 무한한 손님들까지 모두 편안하게 쉴 수 있었다. 왜냐 하면 이 곳은 무한 호텔이니까.

자연 속에 숨은 수학

냉장고에 사과가 있다면, 하나 꺼내 와. 자, 사과를 잘라 보자. 보통 엄마가 사과를 깎아 주실 때는 위에서 아래로 자르지만, 오늘은 옆으로 자르는 거야. 어때? 작고 예쁜 사과 씨 5개가 둥글게 별 모양으로 박혀 있는 것이 보이니?

냉장고에 배도 있다면, 마찬가지로 잘라 봐. 사과와 같다는 것을 알게 될 거야. 물론 아닌 경우도 있겠지. 그건 돌연변이라서 그래. 하지만 대부분의 경우 사과나 배와 같은 과일은 한가운데에 별 모양으로 5개의 씨앗이 둥글게 박혀 있단다.

동물의 다리는 2개, 4개, 6개 등 짝수로 이루어져 있지만, 식물의 잎은 또다른 규칙에 따른단다. 클로버 잎은 3개이고, 대부분 많은 꽃들의 꽃잎 수를 세어 보면 3, 5, 8, 13, 21, … 등의 수로 이루어져 있어. 한번 여러 종류의 꽃들을 모아 놓고 꽃잎의 수를 세어 보렴. 정말인지 아닌지 알게 될 거야.

이렇게 **자연 속에는 자주 등장하는 특별한 숫자 규칙이 있어.** 자연 속에 또 어떤 숫자들이 숨어 있는지 계속 알아보자.

혹시 냉장고에 파인애플이 있니? 통조림 파인애플이 아니라 거칠거칠한 껍데기에 싸여 있는 진짜 파인애플 말이야. 파인애플이 없다면 솔방울도 괜찮아.

파인애플이나 솔방울을 자세히 들여다보면, 맨 위에서부터 아래로 내려오는 껍데기가 나선형으로 붙어 있다는 걸 알 수 있어. 나선형이란 용수철이나 스프링처럼 돌돌 감아 올라가는 모양을 말해. 그런데 파인애플이나 솔방울의 껍데기에 왼쪽으로 비스듬히 내려오는 나선과 오른쪽으로 비스듬히 내려오는 나선 두 가지가 함께 들어 있는 것을 알 수 있어.

파인애플의 경우 왼쪽

8줄의 나선

13줄의 나선

자연 속에 숨은 수학

으로 비스듬히 내려오는 나선이 8줄, 오른쪽으로 비스듬히 내려오는 나선이 13줄 있지. 대부분의 파인애플은 이 규칙을 지킨단다.

솔방울은 왼쪽으로 비스듬히 내려오는 나선이 보통 5~8줄 있고, 오른쪽으로 비스듬히 내려오는 나선은 8~13줄 있지. 도저히 파인애플도 솔방울도 구할 수 없다고? 그렇다면 국화꽃을 한 송이 구해 와. 작은 꽃잎이 촘촘하게 모여 있는 국화꽃을 잘 들여다보렴. 국화꽃의 꽃잎이 나 있는 모양도 나선형인데, 보통 꽃잎의 숫자로 5, 8, 13, 21, 34, 55 등의 수가 많이 나온다는 것을 알 수 있어.

1, 1, 2, 3, 5, 8, 13, 21, 34, 55, …

바로 이 수들이 **자연 속에 숨어 있는 수들이야.** 일정한 규칙이 전혀 없는 숫자처럼 보이지? 하지만 저 숫자들 속에 깜짝 놀랄 만한 규칙이 숨어 있어. 바로 '피보나치 수열'이라고 불리는 규칙이야.

피보나치 수열

내 이름은 피보나치. 약 800년 전 이탈리아에서 살았다. 나는 신기한 숫자 규칙을 하나 발견했다. 그래서 내 이름을 붙여서 '피보나치 수열'이라고 불렀다. 다음 숫자들을 보라.

1, 1, 2, 3, 5, 8, 13, 21, 34, 55, …

일정한 규칙 없이 아무렇게나 모여 있는 숫자들처럼 보인다. 하지만 분명히 이 숫자들은 규칙에 따라 모인 숫자들이다. 알고 보면 아주 간단한 규칙이다. 하지만 내가 발견하기 전에는 아무도 알지 못했다.

이 수열에서는 1이 두 번 나온다. 그 이유가 뭘까? 1과 1을 더하면? 2가 된다. 그러면 1과 2를 더하면? 3이다. 너무 쉽다고? 계속 해 보자. 2와 3을 더하면 5이다. 3과 5를 더하면? 맞았다. 8이다. 5와 8을 더하면 13이다. 8과 13을 더하면 21이 된다.

나, 피보나치가 발견한 수열은 '두 개의 1로 시작해서, 앞에 있는 숫자 2개를 더하면 바로 뒤에 나오는 수가 되는 수들'이다.

내가 세상을 떠나고도 한참이 지난 뒤에야 이 수열이 단순한 숫자 계산이 아니라 '숨어 있는 자연의 규칙'이라는 것이 밝혀졌다. 피보나치 수열은 해바라기 꽃봉오리에 씨앗이 박혀 있는 모양에서도 찾을 수 있고, 피아노 건반에서도 찾을 수 있다. 한 변의 길이가 피보나치 수열인

1, 1, 2, 3, 5, 8, 13인 정사각형을 그리고 곡선으로 연결해 봐. 나선형이 만들어지는데, 이런 나선형은 달팽이 껍데기나 소라 껍데기, 초식 동물의 뿔, 더 나아가 은하수의 형태에서도 찾아볼 수 있단다.

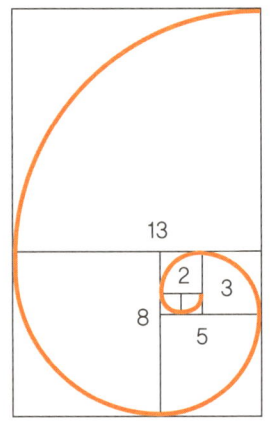

또 이 숫자들은 고대 이집트나 그리스 시대부터 신성하고 신비하게 여겼던 '황금비'하고도 관련이 있다. 황금비란 한 선분을 나눌 때 전체 길이를 긴 길이로 나눈 값이 긴 길이를 짧은 길이로 나눈 값과 같은 것인데, 이 값은 약 1.618이다.

$$\frac{\text{전체 길이}}{\text{긴 길이}} = \frac{\text{긴 길이}}{\text{짧은 길이}} = 1.618\cdots$$

황금비 1.618과 피보나치 수열, 자연의 규칙 등이 무슨 관련이 있을까? 아까 옆으로 잘랐던 사과를 다시 살펴보자. 별 모양으로 박혀 있는 씨 5개 중에서 하나를 골라 첫 번째 씨

라 하고, 첫 번째 씨에서부터 세 번째 씨 사이의 거리를 자로 재 본다. 그리고 첫 번째와 두 번째 씨, 두 번째와 세 번째 씨 사이의 거리도 재 본다. 그런 다음, 첫 번째와 세 번째 씨의 거리를 첫 번째와 두 번째 씨의 거리로 나눠 본다. 약 1.618배일 것이다. 첫 번째와 세 번째 씨의 거리를 두 번째와 세 번째 씨의 거리로 나눠 보아도 역시 약 1.618배라는 것을 알 수 있다.

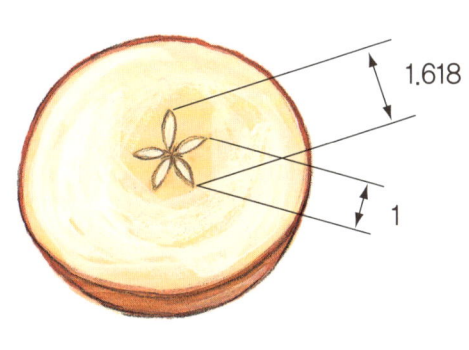

피보나치 수열에서 나란히 서 있는 두 숫자를 나누어 보면 숫자가 커질수록 점점 황금비에 가까워진다. 3÷2=1.5, 5÷3=1.6, 8÷5=1.6, 13÷8=1.625, 21÷13=약 1.6153….

어때? 대단하지? 나, 피보나치는 위대한 수학자였다. 으하하!

자연 속에 숨은 수학 55

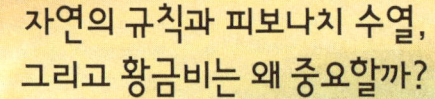

자연의 규칙과 피보나치 수열, 그리고 황금비는 왜 중요할까?

황금비가 실제로 우리 생활에 꼭 필요하기 때문이다.

고대 이집트 사람들이 만들었다는 피라미드! 몇천 년 전에 그렇게 큰 건물을 어떻게 만들 수 있었는지는 지금도 수수께끼다. 게다가 피라미드가 정확하게 황금비를 따라 만들어졌다는 것을 알면 더 놀랄 것이다.

마찬가지로 고대 그리스 시대에 지어진 파르테논 신전 역시 황금비에 따라 지어졌다. 고대 이집트 사람들과 고대 그리스 사람들이 서로 가르쳐 준 것일까? 그건 아무도 모른다. 어느 한쪽이 다른 쪽에게서 배운 것일 수도 있고, 각자 따로 알게 된 것일 수도 있다.

하여간 고대 이집트와 고대 그리스 사람들은 황금비 규칙을 알고 있었고, 그 규칙을 건물을 세우는 데 사용한 것이다. 똑같은 황금비를 어떻게 똑같이 알게 되었을까? 황금비가 자연 속에 숨어 있는 숫자 규칙이기 때문이다. 자연의 규칙은 그리스

나 이집트나 똑같으니까. 아니, 자연의 규칙은 세계 어디나 똑같다.

오늘날의 건축가들도 건축물을 지을 때 황금비를 가장 먼저 생각한다. 왜냐 하면 황금비는 인간의 눈에 가장 아름답게 보이는 규칙이고, 또한 건축물을 지을 때 가장 안전하고 튼튼하게 지을 수 있는 규칙이기 때문이다.

황금비는 건축뿐 아니라 사진이나 미술, 패션 디자인 등에도 널리 이용되고 있다. 컴퓨터 모니터, 명함, 엽서, 신용 카드 등의 가로세로 비율도 황금비에 가까우며, 사람들은 자기도 모르게 황금비에 따른 물건들을 선택하게 된다.

수십만 개의 육각형이 촘촘하게 모여 있는 벌집 역시 황금비를 따르고 있다. 식물뿐만 아니라, 벌과 같이 작은 곤충들도 이미 황금비를 알고 있는 것이다. 놀랍지 않은가? 자연의 식물과 곤충들도 수학을 알고 있다니 말이다.

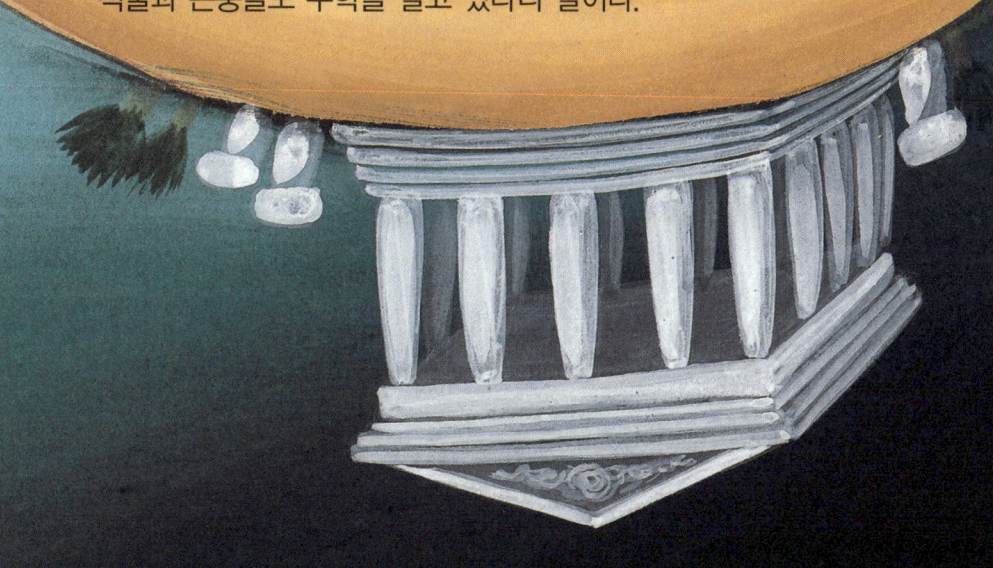

축구공 속에 숨은 수학

정오각형 12개 + 정육각형 20개 = 축구공

축구공은 동그란 공 모양이야. 하지만 보다 정확하게 말하면 지금 우리가 사용하는 축구공은 정오각형 12개와 정육각형 20개로 만들어져 있어.

축구공이 처음부터 정오각형 12개와 정육각형 20개로 만들어진 것은 아니었어. 세계 최초로 만들어진 축구공은 아마 단순한 공 모양이었겠지. 처음 축구를 할 때만 해도 동물의 가죽이나 내장으로 단순하게 만든 공을 썼어. 동물의 가죽을 구하기 힘들면 질기고 억센 끈이나 식물의 줄기를 공 모양으로 돌돌 말아 사용하기도 했지.

그렇다면 정오각형 12개와 정육각형 20개로 만들어진 축구공은 언제 처음 만들어졌을까? 1970년 멕시코에서 월드컵이 열렸을 때 사용된 '텔스타'라는 이름의 공이 처음이었지. 정오각형 12개는 검은색으로, 정육각형 20개는 하얀색으로 만들어진 축구공 텔스타가 세상에 처음 모습을 드러내자, 사람들은 모두 새로운 축구공

나, 텔스타.

나, 피버노바.

에 마음을 빼앗겼어. 축구를 좋아하는 사람들은 텔스타를 사기 위해 스포츠 용품 가게 앞에서 밤새 기다리기까지 했지.

그 때부터 4년에 한 번씩 월드컵이 열릴 때마다 새로운 디자인의 축구공이 선보이고 있어. 2002년 한일 월드컵 때에는 '피버노바'라고 불리는 멋진 디자인의 축구공이 나와서 많은 어린이들이 피버노바를 사고 싶어했지.

그러나 축구공의 디자인이 아무리 바뀌어도 절대 바뀌지 않는 것이 있어. 그건 바로 "축구공은 정오각형 12개와 정육각형 20개로 만든다."는 거야. 텔스타 이후 계속 지켜지고 있는 축구공만의 비밀이지. 배구공이나 농구공도 동그란 공이지만, 정오각형 12개와 정육각형 20개를 사용하는 것은 축구공뿐이야.

그 이유가 뭘까? 왜 굳이 축구공을 정오각형 12개와 정육각형 20개로 만드는 것일까? 그냥 질긴 가죽을 둥그렇게 이어 붙여서 만들면 되지 않을까? 아니면 정오각형과 정육각형이 아니라, 정삼각형, 혹은 정팔각형 같은 모양으로 만들지 않는 이유는 뭘까?

축구공은 '수학'으로 만들어진 공이기 때문이야. 수학이 없었다면 축구공은 지금과는 다른 모양으로 만들어졌을 거야.

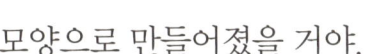

완벽한 축구공을 만들기 위해

축구공은 완전한 구 모양으로 만들어야 해. 그저 둥글기만 해서는 안 돼. 축구 선수들이 계속 발로 차더라도 쉽게 모양이 변하지 않을 만큼 튼튼해야 하지. 단단하게 만들면 된다고? 축구에서는 선수들이 헤딩을 하기도 해. 그러니 야구공처럼 단단해서도 안 돼. 부드럽고 탄력 있으면서 모양이 변하지 않는 완전한 구 모양의 축구공! 이것이 좋은 축구공의 조건이야. 꽤 까다롭지?

한 축구공 회사에서 모든 조건을 완벽하게 갖춘 축구공을 만들고 싶어했어. 고민하던 회사는 유명한 수학자들을 불러 모았어. 완전한 구에 가장 가까운 다면체를 만들려면 어떻게 해야 하는지 물어 보았지. 수학자들은 조금 당황했어. 사실 그 때까지 누구도 생각해 보지 않았던 문제였거든.

수학자들은 정다면체에 대해 연구하기 시작했어. 정다면체란 정다각형으로 이루어진 입체도형이야. 우선, 정다각형이 뭔지 알아야 해. 삼각형을 이루고 있는 변 3개의 길이가 모두 같은 삼각형을 정삼각형, 사각형을 이루고 있는 변 4개의 길이가 모두 같은 사각형을 정사각형이라고 불러. 이렇게 다각형을 이루고 있는 변의 길이가 모두 같을 때 '정다각형'이라고 해. 정삼각형, 정사각형, 정오각형, 정육각형, 정칠각형, 정팔각형 등이 모두 정다각형이야. 수학에서는 **"정다각형은 변의 길이가 같고 내각의 크**

기가 같은 도형이다."라고 설명하지.

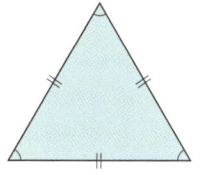 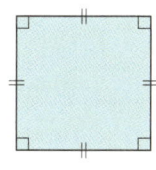 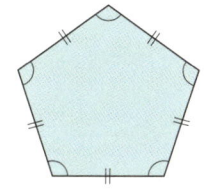 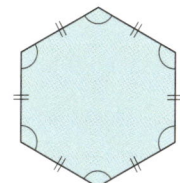

바로 이런 **정다각형들로 만들어진 입체도형이 바로 정다면체야.**

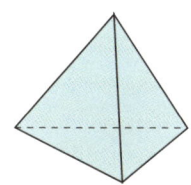 자, 이건 정삼각형 4개로 만들어진 정사면체야.

정삼각형 8개를 가지고 이런 모양도 만들 수 있어.
정팔면체라고 부르지.

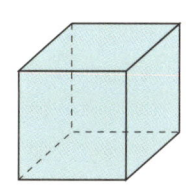 이건 정사각형 6개로 만들어진 정육면체야. 바로 주사위 모양이지.

정오각형 12개가 있으면 이런 정다면체가 만들어지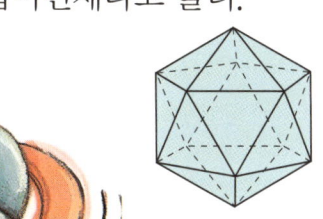
지. 정십이면체라고 불러.

 정삼각형 20개가 있으면 또 이런 모양이 만들어져. 정이십면체야.

축구공 속에 숨은 수학

또 다른 다면체는 없느냐구? 신기하게도, **정다면체는 이렇게 5개가 전부야.** 믿을 수 없겠지만 사실이야. 18세기 스위스에서 살았던 오일러라는 수학자가 처음 알아 낸 사실이지.

오일러의 발견은 축구공 때문에 골머리를 앓던 수학자들에게 큰 도움이 되었어. 수학자들은 정오각형으로 만들어진 정십이면체가 동그란 구 모양과 비슷하다는 것을 알고 기뻐했어. '정오각형보다는 정육각형으로 만들어진 정다면체가 동그란 구 모양에 더 가까워질 것이다.'라고 생각한 수학자들은 정육각형으로 정다면체를 만들어 보았지. 수학자들은 금세 절망에 빠졌어. 왜냐 하면 **정육각형으로는 정다면체를 만들 수가 없었던 거야!** 이것 역시 오일러가 이미 밝혀 낸 사실이었지.

수학자들은 다시 고민에 빠졌어. 그 때, 한 수학자가 말했지.

"정육각형으로는 다면체를 만들 수 없고, 정오각형으로는 정십이면체를 만들 수 있습니다. 그렇다면 정육각형과 정오각형을 섞어서 만들어 보면 어떨까요?"

수학자들은 혹시나 하는 심정으로 한번 시도해 보았어. 질긴 가죽으로 정육각형과 정오각형을 수십 개 만든 뒤 이런저런 방법으로 이어 보았지. 그랬더니 정육각형 2개와 정오각형 1개를 한 꼭지점에서 만나게 하면 다면체를 만들 수 있다는 사실을 알게 되었어. 게다가 거의 완전한 구가 되는 거야. 만세!

　마침내 수학자들은 정오각형 12개와 정육각형 20개를 붙이면 완벽한 공을 만들 수 있다는 것을 알아 냈어.

　그 때가 바로 1970년 멕시코 월드컵이 열리기 전이었어. 회사에서는 바로 정오각형 12개와 정육각형 20개로 만든 축구공을 만들어 내어 월드컵 때 첫선을 보였지. 세상은 발칵 뒤집어졌어. 축구를 좋아하는 사람들은 모두 새로운 축구공의 모습에 홀딱 반했지. 그 때부터 이 세상의 모든 축구공은 수학의 도움으로 만들어지게 된 거야.

　집에 축구공이 있다면, 얼른 가서 한번 자세히 봐. 정오각형과 정육각형의 수를 직접 세어 보라구. 만약 정오각형 12개와 정육각형 20개로 만들어지지 않았다면 그건 진짜 축구공이 아니란다.

미터법

영원히 변하지 않는 것을 찾아라!

동쪽 나라와 서쪽 나라

지금으로부터 약 300년 전, 동쪽 나라와 서쪽 나라에서 있었던 엉뚱한 이야기이다.

동쪽 나라는 아름답고 부드러운 비단을 잘 만들었고, 서쪽 나라는 은을 아주 많이 가지고 있었다. 두 나라는 넓은 사막을 사이에 두었는데, 그 한가운데에는 맑은 물이 퐁퐁 솟아나는 오아시스가 있었다.

어느 날, 비단을 사러 가던 서쪽 나라 사신과 은을 구하러 가던 동쪽 나라 사신이 오아시스에서 딱 마주쳤다. 서쪽 나라 사신은 은이 가득 들어 있는 상자의 뚜껑을 열어 보이며 동쪽 나라 사신에게 말했다.

"나는 은이 10파운드씩 들어 있는 상자 100개를 가지고 있소. 비단을 얼마나 주시겠소?"

동쪽 나라 사신은 구슬이 잔뜩 달린 수판을 꺼냈다. 서쪽 나라 사신은 수판을 신기한 듯 바라보았다. 수판을 들고 한참 계산을 하더니 동쪽 나라 사신이 말했다.

"한 상자당 비단 10척을 주겠소."

그래서 동쪽 나라 사신과 서쪽 나라 사신은 서로 은과 비단을 맞바꾸고 각자의 나라로 돌아갔다.

동쪽 나라로 돌아온 사신은 깜짝 놀랐다. 그러고는 불같이 화를 내며 소리쳤다.

"서쪽 나라 사신이 날 속였다. 분명 상자에 은이 10관씩 들어 있다고 했는데, 10관은커녕 겨우 1관밖에 되지 않는다. 나쁜 녀석들!"

한편, 서쪽 나라 사신도 펄쩍 뛰며 화를 냈다.

"동쪽 나라 사신이 날 속였다. 10야드를 준다고 했는데, 이건 고작 3야드밖에 되지 않잖아."

이야기를 전해 들은 동쪽 나라 임금님과 서쪽 나라 임금님도 크게 화를 냈다. 그 때부터 동쪽 나라와 서쪽 나라는 서로를 믿지 못할 나라라고 생각했고, 그 뒤로 동쪽 나라 사신과 서쪽 나라 사신이 오아시스에서 만나는 일은 두 번 다시 없었다.

왜 이런 일이 생긴 걸까? 정말 동쪽 나라 사신과 서쪽 나라 사신은 서로를 속인 걸까? 사실, 동쪽 나라 사신과 서쪽 나라 사신은 거짓말을 하지 않았어. 동쪽 나라와 서쪽 나라에서 쓰이는 **'측량 단위'**가 달랐을 뿐이야.

측량 단위가 무엇일까? **물건의 길이를 재거나 넓이를 잴 때, 또 무게를 잴 때 기준이 되는 단위야.** 몸무게를 잴 때 쓰는 kg이나 키를 잴 때 쓰는 ㎝ 같은 것들이 측량 단위이지.

동쪽 나라에서는 길이를 잴 때 '척'이라는 단위를 쓰고, 무게를 잴 때는 '관'이라는 단위를 썼어. 척과 관이 얼마나 되느냐고? 우리가 잘 아는 측량 단위로 바꿔 보면, 1척은 약 30㎝이고, 1관은 약 3.75kg이야.

서쪽 나라에서는 길이는 '야드', 무게는 '파운드'로 재었어. 1야드는 약 91㎝이고, 1파운드는 약 0.45kg, 즉 500g이 조금 못 되는 양이야. 따라서 서쪽 나라의 은 10파운드는 동쪽 나라에서는 1.2관 정도 되지. 동쪽 나라 사신은 은 10파운드를 은 10관이라고 생각한 거야. 마찬가지로 서쪽 나라 사신도 비단 10척을 10야드로 생각했어. 하지만 실제로 10척은 3야드가 조금 넘을 뿐이지.

정말 어리석은 사람들처럼 보이지? 하지만 옛날에는 이런 일이 흔하게 일어났어. 옛날부터 전세계에는 약 400여 개가 넘는 여러 가지 측량 단위가 나라마다 다르게 사용되었지. 그래서 나라 간에 물물 거래를 할 때마다 웃지 못할 일들이 자주 일어났어.

게다가 한 나라 안에서도 사용되는 자나 저울이 제각각 달랐어. 같은 1척이라고 해도 어떤 지방에서는 30㎝가 넘었고, 어떤 지방에서는 30㎝가 되지 않았어. 왜냐 하면 자를 만들 때 기준으로 쓸 수 있는 정확한 자나 저울이 없었거든. 어떤 자가 정확한지 아무도 알 수 없었던 거야.

미터(m)와 킬로그램(kg)이란 측량 단위를 사용했더라면 동쪽 나라와 서쪽 나라처럼 엉터리 거래는 이루어지지 않았겠지. 하지만 오늘날 우리가 사용하는 미터나 킬로그램이란 측량 단위가 만들어진 것은 고작 200년 전이야.

새로운 측량 단위를 찾아라

1790년대에 프랑스 국회에서 국회 의원 탈레랑은 불편한 측량 단위를 하나로 정해야 한다고 강력하게 주장했어.

> 영원히 변하지 않는 것을 기준으로 해서 새로운 측량 단위를 만들어야 합니다.

탈레랑의 말이 끝나자마자 국회 의원들은 일제히 박수를 쳤어. 이듬해인 1791년, 프랑스 전국에서 유명하다는 학자들이 모두

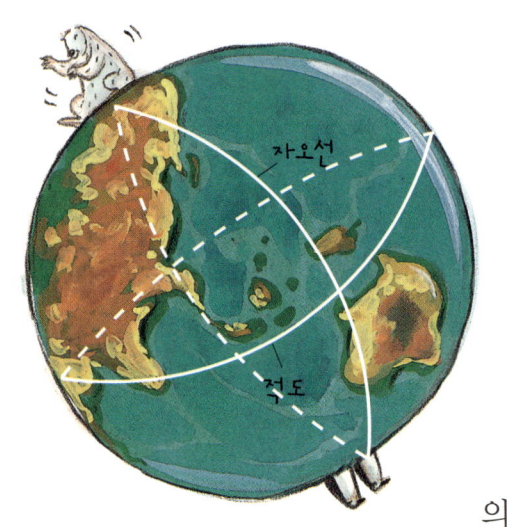

한 자리에 모여서 심각하게 토론을 벌였어.

"세상 모든 것이 변해도 지구는 변하지 않습니다. 지구의 북극에서 남극까지의 거리, 즉 자오선 길이의 4000만분의 1을 길이의 표준 단위로 삼읍시다!"

탈레랑과 학자들은 자오선의 4000만분의 1을 눈으로 보여 줄 수 있는 정확한 기준을 만들어 냈어. '자오선의 4000만분의 1' 길이의 막대를 한 개 만든 거야. 그리고 그 막대에 '1미터'라는 이름을 붙여 주었지.

1미터 막대는 백금과 이리듐을 섞어 만들었어. 백금과 이리듐의 합금으로 막대를 만들면 온도에 의해 변하지 않기 때문이지. 이 때 만들어진 1미터 막대를 '미터원기'라고 하는데, 미터원기는 지금도 파리에 있는 국제 도량형국에 전시되어 있어.

그 후 1960년, 미터법은 큰 변화를 겪게 된단다. 제11차 국제 도량형총회에서 1미터의 기준을 자오선의 4000만분의 1이 아니라, '크립톤 86'이라는 원소가 내는 빛의 파

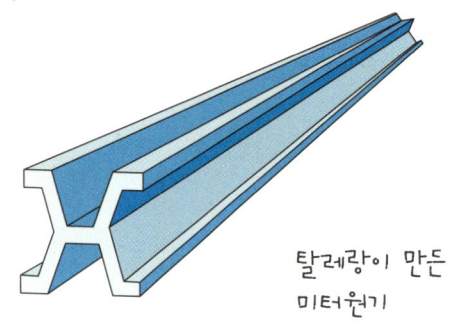

탈레랑이 만든 미터원기

장의 1650763.73배'로 하기로 고쳐 정한 거야. 너무 어렵고 복잡하게 들린다고? 왜 이렇게 어렵고 복잡하게 바꾸었을까? 지구 자오선의 길이도 조금씩 변한다는 사실을 알았기 때문이야. 또 백금과 이리듐으로 만들어진 금속도 아주 조금씩 변하기 때문이지. 그래서 탈레랑이 처음 주장했던 '영원히 변하지 않는 것'을 찾다 보니, 저렇게 아주 어려운 과학 공식으로 바뀐 거야.

1983년 제17차 국제도량형총회에서는 1m를 '빛이 진공 상태에서 2억 9970만 2458분의 1초 동안 달려간 길이'로 바꾸었어. 1960년에 정한 기준도 아주 조금의 차이가 있다는 것을 알게 되었기 때문이야. 하지만 이 길이 역시 약 0.0000007㎜ 정도의 아주 미세한 오차가 있다고 해.

미터법이 정해지고 난 뒤, 무게를 재는 측량 단위인 킬로그램도 정해졌어. **미터와 킬로그램은 이제 전세계에서 똑같이 사용되는 단위야.** 물론 나라마다 고유한 측량 단위를 여전히 쓰고 있지만, 나라 간에 무역을 한다든지 약속을 정할 때는 대부분 미터와 킬로그램이 사용된단다.

수학과 암호의 관계

일급 비밀을 지켜라!

 아주 오래 전부터 사람들은 비밀을 지키기 위해 여러 가지 방법을 연구해 왔어. 고대의 왕들은 비밀을 알고 있는 신하와 노예들을 모조리 죽여 버리는 끔찍한 짓을 저지르기도 했지.

 비밀을 지키기 위해 태어난 것이 바로 암호야. 암호는 비밀 이야기를 내가 알리고 싶은 사람에게만 몰래 알리기 위해 만들어진 거지. 암호는 아주 오래 전부터 사용되었어.

 여기서 잠깐, 최초의 암호는 언제 만들어졌을까? 정확히는 아무도 몰라. 하지만 기록으로 남아 있는 가장 오래 된 암호는 지금으로부터 약 2400년 전에 만들어졌어.

가장 오래된 암호

펠레폰네소스 전쟁은 기원전 431년, 고대 그리스 도시 국가 아테네와 스파르타가 벌인 전쟁이다. 그리스의 거의 모든 도시 국가들은 아테네 편을 들거나 스파르타 편을 들어 싸움에 끼어들었다. 27년에 걸친 전쟁은 마침내 스파르타의 승리로 끝났다. 스파르타가 아테네를 이길 수 있었던 이유는 여러 가지가 있는데, 그 중의 하나가 바로 '비밀 암호'였다.

스파르타의 장군들은 암호를 사용해서 비밀 작전을 주고받았다. 아테네의 스파이들이 스파르타의 편지를 훔쳐 가더라도 암호로 씌어 있었기 때문에 읽을 수가 없었다. 그래서 스파르타의 장군들은 마음놓고 서로 연락을 취하며 작전을 펼쳐 나갔다.

반면, 암호를 쓸 줄 몰랐던 아테네 군의 장군들은 서로 연락을 주고받기가 너무 어려웠다. 전화가 없던 옛날에는 편지를 써 보내거나 누군가 직접 달려가서 이야기를 전하는 수밖에 없었다. 그러나 중간에 편지가 없어지거나, 중요한 이야기를 전하러 간 전령이 사고를 당하는 일이 아주 흔하게 일어났다. 혹시나 중요한 작전을 담은 편지가 스파르타 쪽에 넘어가지나 않을까 걱정된 아테네의 장군들은 좀처럼 편지를 쓰지 못했다. 전령을 보내는 일도 마찬가지였다. 따라서 작전 명령을 마음대로 주고받은 스파르타가 이긴 것은 어쩌면 당연한 결과였다.

당시 스파르타 군대를 지휘했던 리샌더 장군은 이 비밀 암호를 '스카이테일(skytale)'이라고 불렀다. 리샌더는 똑같은 굵기의 나무 막대를 여러 개 만들었다. 그리고 자신이 하나를 갖고 장군들에게도 하나씩 나눠 주었다. 장군들은 그 막대를 아무도 모르게 항상 품에 간직하고 다녔다. 그 막대가 바로 '스카이테일'이다.

리샌더는 나무 막대에 리본처럼 생긴 가죽끈을 나선형으로 돌돌 말았다. 그리고 나무 막대를 둘러싸고 있는 가죽끈 위에 한 글자씩 메시지를 적었다.

'내일 새벽 동틀 무렵 총공격을 시작한다.'

수직으로 씌어 있는 메시지 옆에는 아무런 의미도 없는 글씨들을 잔뜩 적었다. 가죽끈을 풀어 내자, 나무 막대에 묶여 있을 때와는 달리 아무 의미가 없어 보이는 글자들이 마구 흩어져 있을 뿐이었다. 아무리 봐도 가죽끈에 무어라 씌어 있는지 알 수가 없었다.

리샌더는 똑같은 메시지를 적은 가죽끈을 여러 개 만들었다. 그리고 명령을 기다리고 있는 부하 장군들에게 보냈다. 그런데 그 중 하나가 아

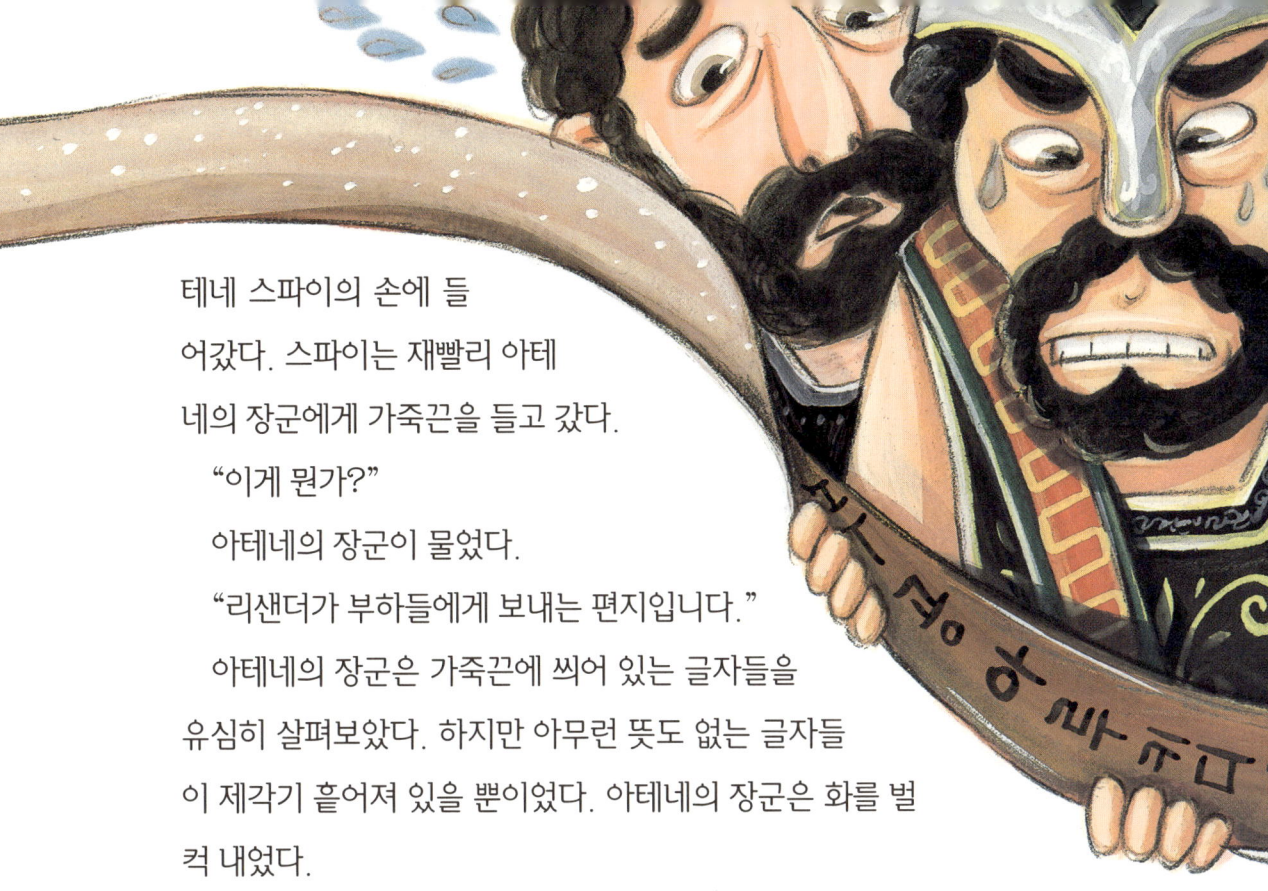

테네 스파이의 손에 들어갔다. 스파이는 재빨리 아테네의 장군에게 가죽끈을 들고 갔다.

"이게 뭔가?"

아테네의 장군이 물었다.

"리샌더가 부하들에게 보내는 편지입니다."

아테네의 장군은 가죽끈에 씌어 있는 글자들을 유심히 살펴보았다. 하지만 아무런 뜻도 없는 글자들이 제각기 흩어져 있을 뿐이었다. 아테네의 장군은 화를 벌컥 내었다.

"아무런 의미도 없는 글자들 아닌가!"

스파이는 고개를 흔들며 말했다.

"아닙니다. 무언가 대단히 중요한 작전 명령이 들어 있을 겁니다. 비밀 암호로 씌어 있는 편지입니다."

아테네의 장군은 전략가들을 불러 암호를 풀게 했지만, 밤이 새도록 아무것도 알아 내지 못했다.

반면, 리샌더가 보낸 가죽끈을 받은 스파르타의 장군들은 품 속에 숨겨 놓았던 스카이테일을 꺼냈다. 그리고 가죽끈을 스카이테일에 감았다. 그러자 중요한 작전 명령이 한눈에 보였다.

스파르타 장군들은 한마음으로 새벽 해가 떠오르기만을 기다렸다. 이

윽고 지평선 너머에서 희미한 햇살이 떠오르기 시작하자, 스파르타 군은 '와아아' 함성을 지르며 달리기 시작했다.

리샌더의 암호를 푸느라 밤새 한숨도 자지 못한 아테네의 장군들은 제대로 싸울 수가 없었고, 아테네는 결국 스파르타에게 지고 말았다. 만약 아테네가 암호를 풀었더라면 어떻게 되었을까? 세계 역사는 바뀌었을지도 모른다.

펠레폰네소스 전쟁 이전에도 암호는 있었을 거야. 다만, 기록이 남아 있지 않을 뿐이지. 전쟁에서 중요하게 쓰이면서 암호는 계속 발전했어. 그리고 발전하면 발전할수록 수학과 깊은 관련을 맺게 되었지.

문자를 숫자로 바꾸어 숫자만 잔뜩 나열한 암호 편지는 수학으로 된 암호 중 가장 쉬운 암호에 속해.

오늘날 암호는 더 이상 발전할 수 없을 만큼 교묘하고 복잡하게 만들어지고 있어. 대부분 사람의 머리로는 만들 수도 풀 수도 없는 암호들이지. 암호를 만들고 푸는 역할은 모두 컴퓨터가 하고 있어. 컴퓨터는 어떻게 암호를 만들까? 수많은 숫자들을 모아서 컴퓨터만이 알 수 있는 언어로 바꿔 버리는 거야.

친구와 둘만의 비밀 암호 만들기

암호로 가장 친한 친구와 비밀 이야기를 나누고 싶다면? 아무도 풀 수 없는 둘만의 암호 만드는 법을 알아보자.

우선 크기가 똑같은 작은 공책 2권을 준비한다. 그리고 친구와 함께 가장 자주 쓰는 단어나 짧은 문장들을 똑같이 적는다. 예를 들어 '친구; 선물, 고마워, 내일 만나자'와 같은 단어와 문장들을 다른 단어나 문장으로 바꾸는 것이다. '친구'는 '사슴'으로, '고마워'는 '넘어가', '선물'은 '물고기', '내일 만나자'는 '모래성 쌓아' 하는 식으로 바꾼다. 이 공책은 비밀 암호를 풀기 위한 '코드 책'이다. 이제 두 권의 코드 책은 각자 집으로 가져가 아무도 모르게 감추어 둔다.

"사슴, 물고기 넘어가. 모래성 쌓아."라고 쓰인 편지를 친구로부터 받았다. 다른 사람들이 우연히 그 편지를 보게 되더라도 무슨 내용인지 전혀 알 수 없을 것이다. 집으로 돌아와서 조용한 곳에 혼자 숨어 코드 책을 펴 놓고 편지의 내용을 풀어 보면 된다.

한번 해 보자. 가장 친한 친구와 두 사람만의 코드 책을 어떤 식으로 만들지 연구해 보고, 비밀 편지를 주고받는 것도 참 재미있을 것이다. 어떤 식으로 암호를 만들 것인지도 함께 연구해 보자. 숫자나 도형으로 만들어도 재미있다.

리틀 수학 천재 팁 2

리틀 수학 천재라면 이런 습관을 가져라

오랜만에 엄마가 피자를 사 주겠다고 하신다. 영희와 영철이 남매는 신이 나서 집 근처 피자 가게로 달려갔다. 피자 가게에서는 두 가지 크기의 피자를 팔고 있었다. 레귤러, 그리고 패밀리 사이즈의 피자이다. 가격은 레귤러가 10000원, 패밀리가 20000원이었다.

어떤 피자를 골라 먹어야 가장 적은 돈으로 가장 많이 먹을 수 있을까?

영희 : 레귤러 사이즈 피자 2개를 먹는 것과 패밀리 사이즈 피자 1개를 먹는 것 중에 어떤 것이 더 좋을지 수학으로 생각해 보자.

영철 : 저기 가격표 옆에 피자 크기를 적어 놓았어. 봐. 레귤러는 8인치, 라지는 12인치, 패밀리는 16인치라고 씌어 있어. 8인치짜리 피자 2개를 더하면 16인치니까, 16인치 패밀리 피자와 똑같네.

영철이 말대로라면 패밀리 사이즈 1개를 먹으나, 레귤러 사이즈 2개를 먹으나 마찬가지다. 하지만 어딘가 이상하다. 왜 그럴까?

영희 : 영철아, 피자의 길이가 아니라 넓이로 계산해야지.

영철 : 아, 맞아. 우리 원의 넓이를 한번 계산해 보자.

 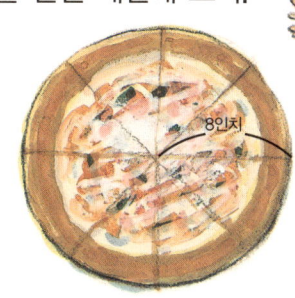 

8인치 레귤러 사이즈 피자의 넓이 = 반지름 × 반지름 × 원주율(π)

$\qquad\qquad\qquad\qquad\qquad\quad$ = 4 × 4 × 원주율(π)

$\qquad\qquad\qquad\qquad\qquad\quad$ = 16 × 원주율(π)

16인치 패밀리 사이즈 피자의 넓이 = 반지름 × 반지름 × 원주율(π)

$\qquad\qquad\qquad\qquad\qquad\quad$ = 8 × 8 × 원주율(π)

$\qquad\qquad\qquad\qquad\qquad\quad$ = 64 × 원주율(π)

8인치 피자의 넓이 : 16인치 피자의 넓이 = 16 : 64 = 1 : 4

영희 : 패밀리 사이즈 피자가 레귤러 사이즈보다 네 배나 크잖아.

영철 : 우아, 정말이네.

영희와 영철 : (함께) 엄마, 패밀리 사이즈 피자 한 판 먹을래요!

모든 것을 수학으로 생각해 보는 것은 수학 천재가 되려는 여러분이 꼭 가져야 할 습관이다. 보라. 이런 습관은 피자 먹을 때조차 도움이 되지 않는가.

상식 속의 수학, 상식 밖의 수학

케이크 나눠 먹을 때도 수학이 필요해

동그란 케이크를 8명이 나눠 먹는 방법

오늘은 궁금이의 생일이야. 궁금이는 친구들을 7명 초대했어. 우아, 정말 맛있게 생긴 케이크잖아! 생일 케이크를 눈 앞에 두고 아이들은 지금 서로 눈치를 보고 있는 중이야.

왜냐구? 케이크를 8명이 나눠 먹어야 하거든. 둥근 케이크를 정확하게 8조각으로 나누는 일은 쉬울까, 어려울까? 물론 쉽지. 정확하게 네 번 자르면 케이크가 나눠지니까.

하지만 궁금이 엄마는 케이크에 칼질을 딱 세 번만 해서 나눠 먹어야 한다고 말씀하셨어. 궁금이 엄마는 언제나 재미있는 퀴즈로 아이들을 즐겁게 해 주는 분이야. 궁금이가 말했어.

"오늘은 내 생일이니까, 내가 대충 자를게."
"안 돼!"
아이들은 목청껏 소리쳤어.
"정확하게 8등분을 해야 해."
아이들은 머리를 맞대고 궁리를 했어. 어떻게 해야만 딱 3번만 자르면서 정확하게 8조각으로 나눌 수 있을까? 아래 그림에 직접 한번 그려 보자.

둥근 모양의 케이크를 3번만 잘라서 정확하게 8조각으로 나누기! 생각보다 쉽지 않아. 하지만 조금만 상식을 벗어나서 생각하면 뜻밖에 아주 쉬운 일이지. 평소 케이크를 자르던 방식과 조금 달라질 뿐이니까.

케이크 나눠 먹을 때도 수학이 필요해

잘 봐. 보통 케이크 자르는 방법대로 십(十) 자 모양으로 자르면, 똑같은 크기의 케이크 4조각이 생기지. 그 다음에는 옆에서 한 번 자르는 거야. 똑같은 크기의 케이크 8조각이 생겼어.

아이들은 박수를 치면서 좋아했어. 하지만 또다른 문제가 생겼어. 아이들은 모두 아래쪽보다는 빨갛고 먹음직스런 딸기가 얹혀 있는 위쪽 케이크를 먹으려고 했거든. 어떻게 하지? 아이들은 다시 고민에 빠졌어. 이번에도 수학으로 풀어야 할까? 아니, 이 문제는 친구를 사랑하는 마음으로 풀어야 해. 서로서로 조금씩 양보하는 거지.

네모난 케이크를 9명이 나눠 먹는 방법

동그란 케이크를 맛있게 먹고 난 뒤, 아이들은 재미있게 놀았어. 한참 놀고 나니, 또 배가 고파졌지. 엄마는 기다렸다는 듯이 먹음직스런 케이크를 또 하나 내놓으셨어. 네모난 모양의 정사각형 케이크를 보고, 아이들은 환

호성을 질렀지. 게다가 이 정사각형 케이크의 둘레에는 맛있는 초콜릿이 다닥다닥 붙어 있었지. 아이들은 모두 케이크보다 초콜릿이 먹고 싶어서 침을 꼴깍 삼켰어.

"정말 맛있어 보이는 초콜릿이 케이크에 붙어 있구나."

궁금이 엄마는 이번에도 재미있는 문제를 내시려나 봐.

"이번에는 엄마도 케이크가 먹고 싶거든. 엄마까지 합치면 모두 9명이구나. 9명이 나눠 먹을 수 있도록 케이크를 나누어 보자. 몇 번을 자르든 어떻게 자르든 괜찮아. 하지만 정확하게 9조각으로 나누어야 한다."

이번에도 아이들은 고민에 빠졌어. 케이크를 가로로 3등분, 세로로 3등분해서 나누면 정확하게 9조각으로 나눠져. 하지만 그러면 가운데 한 조각을 먹는 사람은 초콜릿을 먹을 수가 없어.

케이크 나눠 먹을 때도 수학이 필요해

8조각으로 나누는 거라면 아주 쉽지만, 9명이 똑같이 둘레의 초콜릿을 맛볼 수 있게 케이크를 9조각으로 나누려면 어떻게 해야 할까?

4조각, 6조각, 8조각 등 짝수로 케이크를 자르는 일은 매우 쉬워. 하지만 3조각, 5조각, 7조각, 9조각 등 홀수로 자르는 것은 쉬운 일이 아니야. 연필과 종이를 가져다가 이런저런 방법을 연구하던 아이들은 결국 궁금이 엄마에게 도움을 청했어. 궁금이 엄마는 자를 가지고 오셨지.

엄마는 우선 자로 정확하게 케이크의 둘레를 재셨어. 케이크는 정확하게 정사각형 모양이었지. 한 변의 길이는 18㎝, 따라서 케이크의 둘레는 정확하게 72㎝였어.

"자, 72를 9로 나누면 8이 되는구나. 그러면 정확하게 여기 한 쪽 꼭지점에서부터 출발하여 8㎝씩 표시를 하는 거야."

엄마는 정사각형 둘레의 길이를 정확하게 8㎝씩 9조각으로 나누어 표시하셨어. 그런 다음 가로 세로를 정확하게 재어 한가운데를 찾아 내셨어. 그리고 자르셨지.

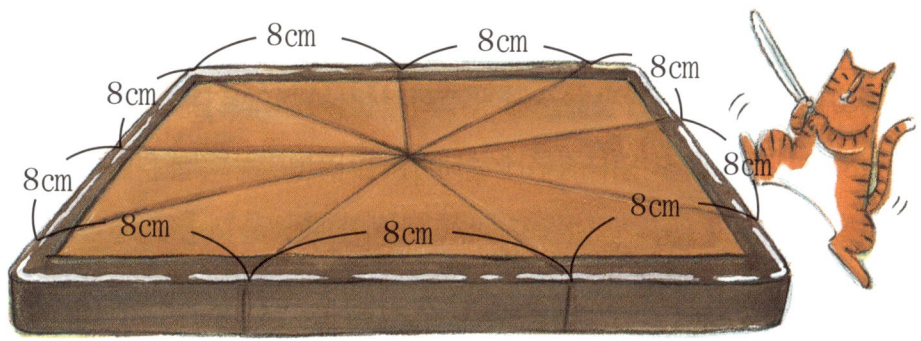

이 9조각의 케이크는 모두 똑같은 부피를 가지고 있어. 부피는 (한 면의 넓이)×(높이)로 구할 수 있어. 케이크의 높이는 모두 같으니까 넓이만 비교해 보면 되는 거야. 삼각형의 넓이 구하는 방법은 알고 있겠지? 한번 계산해 보렴.

이 방법을 사용하면, 정사각형 모양의 케이크는 물론, 정삼각형, 정오각형, 정육각형 등 어떠한 모양의 정다각형 케이크라도 똑같이 나눌 수 있어.

이 이야기를 잘 기억해 두렴. 어느 날 생일 파티에 초대되어 갔는데, 정육각형 케이크가 나올지도 모르니까.

놀라운 수학 마술 1
마음 속의 수를 알아 내는 마술

첫 번째 수학 마술

신기한 마술을 부려 친구들을 깜짝 놀라게 하고 싶지 않니? 하지만 마술을 부리려면 손수건, 마술 상자, 마술 모자 등 여러 가지 준비물이 필요해. 또한 연습을 많이 해야만 실수하지 않고 멋진 마술을 자랑할 수 있단다.

특별한 준비물 없이, 힘들게 연습하지 않고도 할 수 있는 마술이 있다면 얼마나 좋을까! 그런데 그런 마술이 정말 있어. 바로 수학 마술이야. 지금 바로 신기한 수학 마술 두 가지를 가르쳐 줄게. 이 글을 읽는 지금 이 순간부터 넌 수학 마술사가 되는 거야.

이 마술을 부리려면 마술사는 종이를 몇 장 가지고 있어야 해. 마술을 구경하러 온 친구들은 어떤 수에 9를 곱할 줄 알고 간단한 덧셈과 뺄셈을 할 줄 알아야 하지. 만약 이런 간단한 셈조차 어려워하는 친구라면 수학 공부를 더 하고 오라고 말해 주렴.

정말 신기하고 놀랍지? 친구들은 숫자 마술의 비밀을 알려 달라고 조를 거야. 하지만 절대 가르쳐 주면 안 돼. 마술은 아무도 모르고 혼자만 알아야 신기한 것이니까. 그러나 마술사는 왜 똑같은 수가 나오는지 그 이유를 알고 있어야겠지.

이유는 간단해. 1과 10 사이의 수, 즉 2, 3, 4, 5, 6, 7, 8, 9라는 숫자에 9를 곱하면 두 자리 수가 나오는데, 그 수가 무엇이든 십의 자리 수와 일의 자리 수를 더하면 항상 9가 되는 거야.

믿을 수 없다고? 그럼 당장 더해 보렴. 이렇게 만들어진 수 9에 어떤 수를 곱할지 더할지, 아니면 뺄지는 마술사가 그때 그때 바꿔서 정해야 해. 매번 똑같은 수 5가 나온다면 친구들도 비밀을 눈치챌 테니까. 9에 더하거나 빼거나 곱하는 수를 매번 바꾼다면 친구들은 너의 신기한 능력에 깜짝깜짝 놀라게 될 거야.

두 번째 수학 마술

아주 간단하지만, 사람들을 놀라게 할 수 있는 수학 마술을 하나 더 알려 줄까? 이번에는 카드 네 장을 미리 만들어야 해. 아래와 같은 카드지.

카드1

| 8 | 9 | 10 | 11 |
| 12 | 13 | 14 | 15 |

카드2

| 4 | 5 | 6 | 7 |
| 12 | 13 | 14 | 15 |

카드3

| 2 | 3 | 6 | 7 |
| 10 | 11 | 14 | 15 |

카드4

| 1 | 3 | 5 | 7 |
| 9 | 11 | 13 | 15 |

자, 그럼 마술을 부려 볼까? 이번에는 여러 사람이 아니라 딱 한 사람을 상대로 마술을 부리는 거야. 친구에게 하기 전에 먼저 엄마나 아빠를 상대로 연습을 해 보렴.

너무너무 신기하지! 엄마와 아빠는 정말 놀라실 거야. 엄마와 아빠에게 연습을 충분히 했다면, 이번에는 친구들에게도 마술을 부려 보렴. 모두 깜짝 놀라면서, 어떻게 알았는지 알려 달라고 할 거야. 하지만 누구에게도 이 마술의 원리를 가르쳐 주면 안 돼. 혼자만 알고 있어야 마술이니까.

　이 마술의 비밀은 바로 네 장의 카드에 있어. 정확히 말해, 네 장의 카드에 씌어 있는 숫자들의 힘이지. 카드를 만들 때는 앞의 그림과 똑같은 숫자를 정확하게 써야 해. 마음대로 숫자를 바꿔 버리면 마술이 힘을 발휘하지 못하니까.

　비밀은 간단해. 13은 카드 1과 카드 2, 카드 4에 있어. 세 장의 카드의 맨 첫 번째 수는 8과 4, 1이야. 세 수를 더하면, 13이 되지. 놀랍지 않니?

　다른 수로 직접 한번 해 봐. 마음 속으로 생각한 숫자가 들어 있는 카드들의 첫 번째 수를 모두 더하면 생각한 수가 나오는 걸 확인할 수 있어. 몇 번을 해 봐도 마찬가지야. 너무 놀랍다구? 놀라운 수학 마술은 이것이 전부가 아니야. 더 알고 싶니?

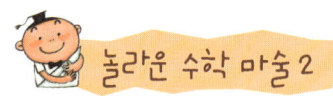

마법의 계산기가 필요해

마법의 전자 계산기 마술

이제 친구들은 너의 두 가지 마술에 익숙해져서 더 이상 놀라지 않아. 그렇다면 새로운 마술이 필요한 때가 된 거야. 친구들을 더욱 놀라게 할 마술! 이번에는 신기한 마법의 지팡이도 하나 준비해야 해. 하지만 수학 마술에서 마법의 지팡이는 마법의 전자 계산기로 변신하지. 진정한 수학 마술사가 되고 싶다면, 당장 구석구석을 살펴서 전자 계산기를 하나 찾아 내도록 해.

카드 5장을 준비해서, 숫자 다섯 개를 카드 하나에 하나씩 적어 봐. 다섯 개의 숫자는 3, 7, 11, 13, 37이야. 눈치가 빠른 친구들은 벌써 알아챘겠지만, 다섯 개의 숫자는 모두 소수야. '소수'는 나눗셈을 할 수가 없는 수이지. 7을 나눌 수 있는 수가 있을까? 13은? 이렇게 **1과 자기 자신 외에 다른 수로는 절대 나눠지지 않는 수를 '소수'라고 불러.**

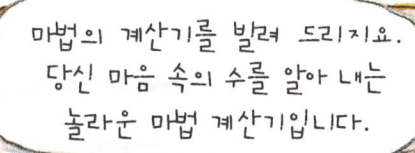

    이 놀라운 숫자 마술의 비밀은 다섯 개의 소수에 있지. 다섯 개의 소수 3, 7, 11, 13, 37을 모두 곱하면, 111111이 나와. 따라서 어떤 수를 생각하든, 그 수에 3, 7, 11, 13, 37을 곱하면 그 수가 반복되는 여섯 자리의 수가 생기는 거야. 다섯 개의 수가 곱해지는 순서는 아무 상관이 없어. 다섯 개의 소수가 한 번씩만 곱해지면 되지.

$3 \times 7 \times 11 \times 13 \times 37 = 111111$
$(3 \times 7 \times 11 \times 13 \times 37) \times 7 = 777777$
$(3 \times 7 \times 11 \times 13 \times 37) \times 2 = 222222$

    이 마술은 조금만 바꾸면, 전혀 다른 새로운 마술처럼 보일 수도 있어. 3과 37이 적힌 카드 두 장만 가지고 마술을 부린다면, 3과 37을 곱한 수는 111이 되지. 따라서 5를 생각했다면 555가 되고, 8을 생각하고 있다면 888이 되는 거야.

3 × 37 = 111
(3 × 37) × 5 = 555
(3 × 37) × 8 = 888

또 세 장의 카드만 가지고 할 수도 있어. 7, 11, 13이 적힌 카드 세 장을 나란히 뒤집어 놓은 다음, 친구에게 100에서 1000 사이의 숫자를 생각하라고 해. 그 숫자에 7, 11, 13을 모두 곱하면 상대방이 생각하고 있는 숫자가 두 번 반복해서 나오지. 7과 11과 13을 곱해서 만들어지는 수는 1001이야. 이 수에 100과 1000 사이의 수를 아무거나 한번 곱해 보렴. 신기하게 반복된다는 걸 알 수 있어. 놀랍지 않니? 모두 소수의 신기한 힘 덕분이야.

소수의 힘!

7 × 11 × 13 = 1001
(7 × 11 × 13) × 158 = 158158
(7 × 11 × 13) × 941 = 941941

리틀 수학자라면 꼭 알아야 할 소수!

소수가 뭘까? 소수는 자기 자신과 1 이외에 다른 수는 싫어하는 참 별난 수이다. 예를 들어 12는 마음이 아주 넓은 수이다. 2와 3으로도 나눠지고, 4와 6으로도 나눠지니까. 하지만 12 바로 옆의 수 13은 자기 자신 13과 1 이외에는 어떤 수로도 나눠지지 않는다. 이런 수를 '소수'라고 한다. 소수를 뺀 나머지 수들, 즉 다른 수로 나눠지는 수는 '합성수'라고 부른다.

지금으로부터 2200여 년 전 그리스의 어떤 수학자가 너무 심심해서 이런 놀이를 했다. 1부터 100까지 수를 차례대로 쓴 다음 합성수를 지워 나가는 놀이이다. 합성수를 계속 지워 나가다 보면 나중에는 소수만 남게 된다.

그 수학자가 사용한 방법은 바로 이것이다.

① 우선 1은 소수도 합성수도 아니니, 지운다.

② 2는 소수. 3으로 넘어갈까? 아니 잠깐, 3으로 넘어가기 전에,

③ 2의 배수를 모두 지운다. 2, 4, 6, 8, 10, 12, 14, …, 100까지.

④ 이제 3으로 넘어간다. 3은 소수니까 남기고,

⑤ 3의 배수를 찾아서 지운다. 6은 이미 지웠고, 9를 지우고, 12는 이미 지웠고, 15는 지우고, 21, 27, …, 99까지 지운다.

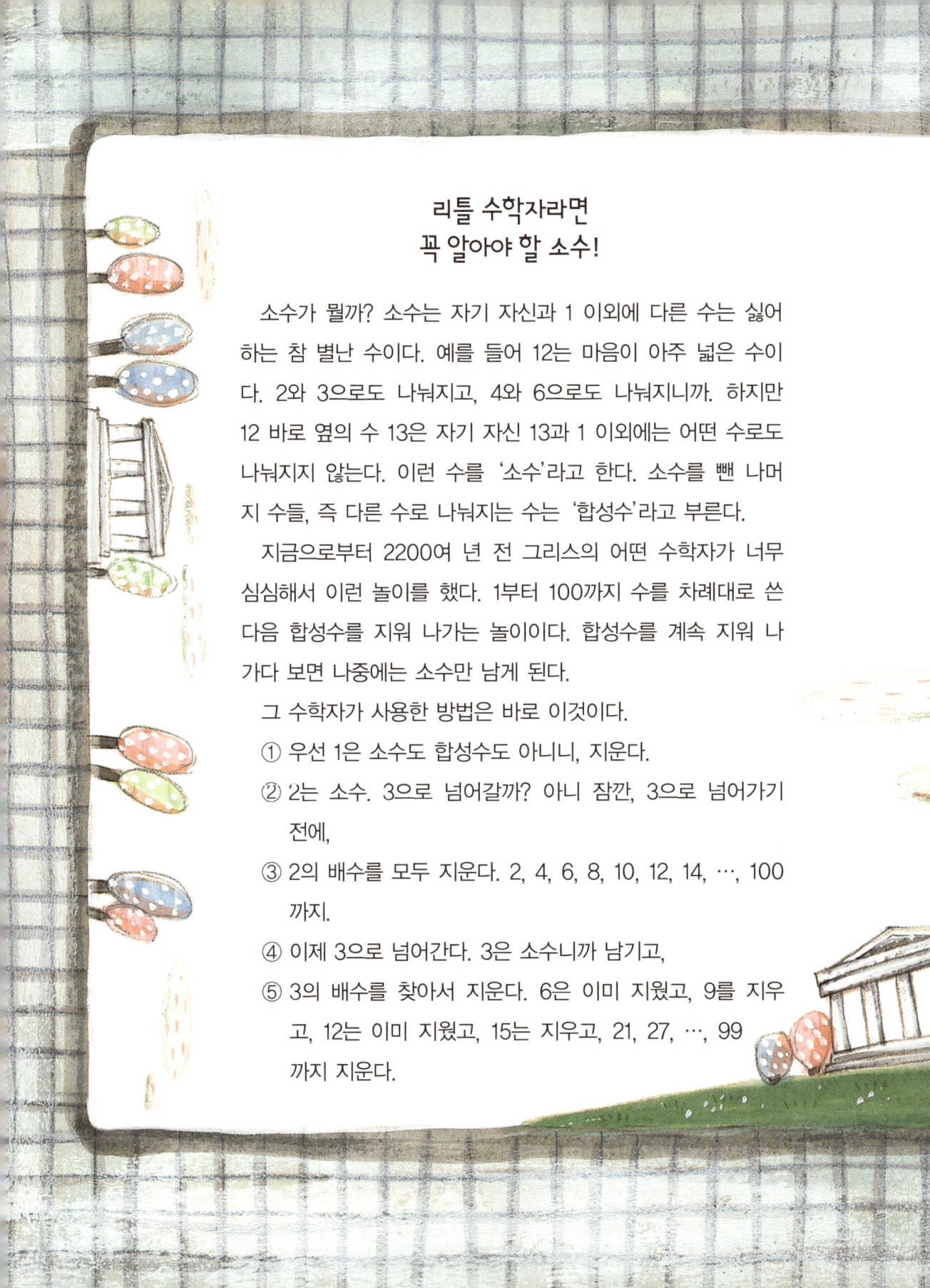

⑥ 5는 소수이므로 남기고, 5의 배수를 지운다.
⑦ 6은 2와 3의 배수이므로 이미 지웠다.
⑧ 7은 소수이므로 남기고, 7의 배수를 지운다.

　이런 식으로 소수만 남기고 합성수를 모두 찾아서 지우는 놀이를 하면서 심심한 시간을 때웠다. 그 사람의 이름은 에라토스테네스. 그리고 그 사람이 소수를 찾아 낸 방법을 '에라토스테네스의 체'라고 부른다.
　가장 큰 소수는 얼마냐고? 그건 아무도 모른다. 왜 모르느냐구? 그럼 가장 큰 수가 얼마인지 먼저 알려 달라. 그럼 가장 큰 소수가 얼마인지 말해 줄 수 있다.

수학자의 무덤에는 수학 문제가 있다

수학자 디오판토스를 아니?

호랑이는 죽어서 가죽을 남기고, 사람은 죽어서 이름을 남긴다고 했어. 그러면 수학자는 죽어서 무엇을 남길까? 수학자는 죽어서도 수학 문제를 남기지.

고대 그리스의 유명한 수학자 디오판토스는 죽어서까지 자기 무덤의 묘비에 수학 문제를 적어 놓았어. 수학을 얼마나 좋아했으면 그랬을까? 디오판토스는 수학의 비밀을 많이 발견해 낸 학자 중 한 명이지. 그러면 디오판토스가 발견해 낸 가장 위대한 수학 비밀은 뭘까? 먼저 이 문제를 풀어 보자.

영수는 접시 위에 사과 3개를 놓았다. 엄마는 사과를 5개 가져오라고 하신다. 몇 개가 더 필요할까?

초등 저학년이라면 우리가 잘 아는 빼기를 사용할 거야.

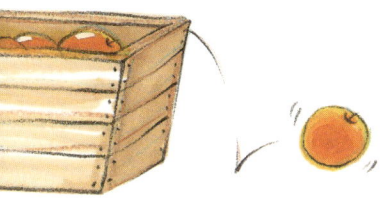

(엄마가 원하는 사과의 개수)−(영수가 가지고 있는 사과의 개수)=( )
　　　　　5　　　　　−　　　　　3　　　　　= 2

이제 영수는 냉장고에서 사과를 2개만 더 꺼내면 되겠네. 하지만 초등 고학년이라면 저학년 아이들과는 조금 다른 방법도 쓸 줄 알아야지. 고학년의 자존심이 있잖아.

(영수가 가지고 있는 사과의 개수)+( )=(엄마가 원하는 사과의 개수)
　　　　　3　　　　　+( )=　　　　　5

잘 봐. 빼기가 아니라 더하기를 사용해서 문제를 풀고 있어. 영수가 가지고 있는 3개에 몇 개를 더하면 엄마가 말한 5개가 되는지, 식으로 간단하게 보여 주고 있지.

우리는 이제 ( ) 안의 수만 찾으면 돼. 그런데 ( )라고 표시하는 것은 촌스러워. 수학자들은 ( ) 대신 기호를 하나 정해서 쓰기로 했어. 그 기호가 바로 x야. 이렇게 ( ) 대신 기호를 쓰자고 맨 처음 주장한 수학자가 누군지 아니? 맞았어. 바로 디오판토스야.

자, 그럼 이제 디오판토스가 죽어서 묘비에 남겨 놓은 수학 문제가 무엇인지 알아보자.

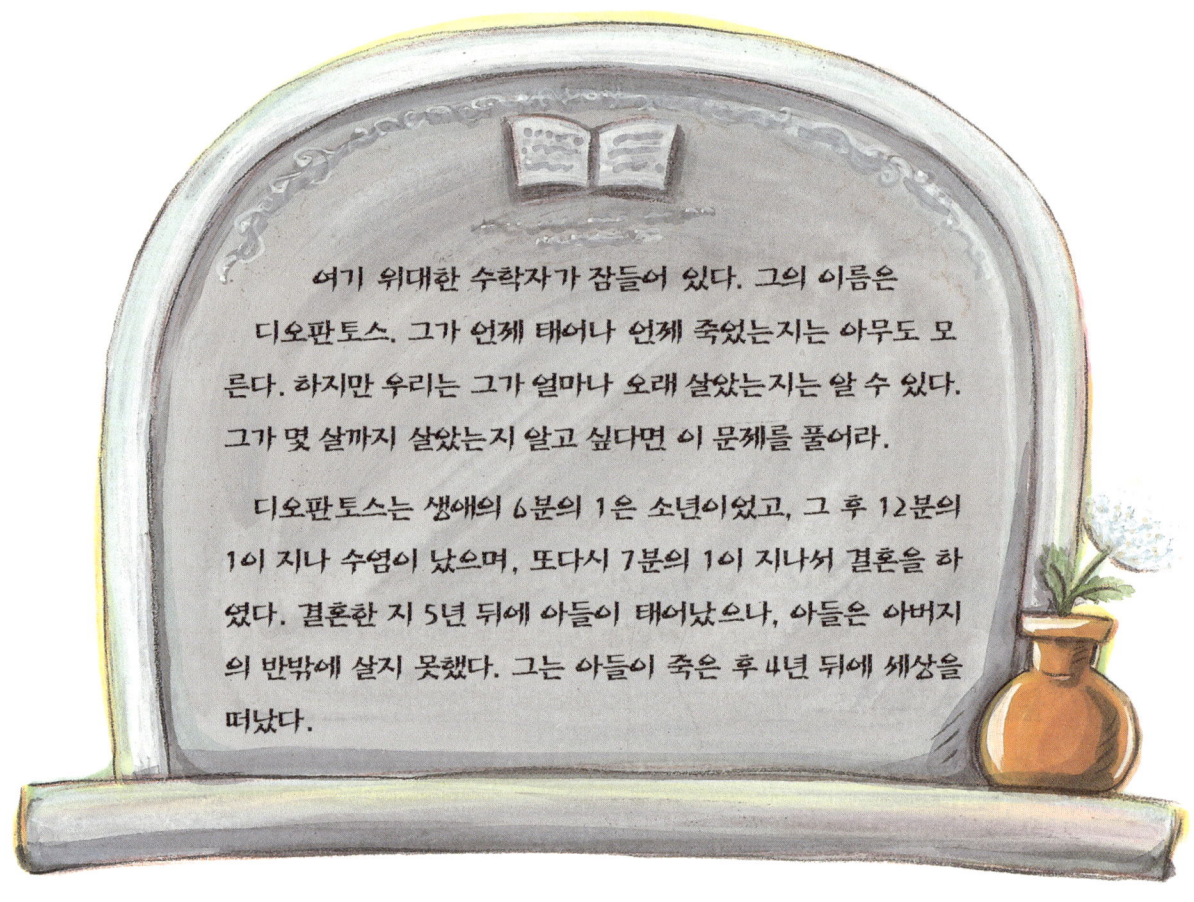

묘비에 적혀 있는 수학 문제

자, 모두 머리를 맞대고 열심히 생각해 보자. 우선, 우리가 알고자 하는 것은 디오판토스가 몇 살까지 살았는가 하는 거야.

디오판토스의 나이를 (　)로 표시할까? (　)보다 쉬운 방법이 있잖아. 이미 수천 년 전에 디오판토스가 (　) 대신 기호를 쓰라고 가르쳐 줬지. 훗날 후배 수학자들은 모르는 수를 기호 x로 쓰자고 약속했어. x가 싫다면, 다른 어떤 기호든 원하는 걸 써도 돼. 하지만 이 책에서는 x를 쓰도록 할게. 다른 많은 수학자들과 약속한 대로 말이야.

디오판토스의 나이를 알아 내는 풀이

1) 디오판토스의 나이를 x라고 해.

2) 디오판토스는 생애의 $\frac{1}{6}$을 소년으로 살았어. 즉, 디오판토스 나이의 $\frac{1}{6}$이야. 따라서 $x \times \frac{1}{6}$이라고 할 수 있지.

3) 소년으로 살았던 시기 이후, 다시 인생의 $\frac{1}{12}$이 지나 수염이 났다고 했어. 즉, $x \times \frac{1}{12}$이야. 소년기였던 $\frac{x}{6}$ 이후 $\frac{x}{12}$만큼 더 살고 나서 수염이 난 거야. 따라서 디오판토스가 수염이 난 때는, $x \times \frac{1}{6} + x \times \frac{1}{12}$이야.

4) 다시 $\frac{1}{7}$이 지나 결혼을 했어. 따라서 디오판토스는 수염이 났던 $x \times \frac{1}{6} + x \times \frac{1}{12}$에 $x \times \frac{1}{7}$을 더한 나이에 결혼을 했어.
$x \times \frac{1}{6} + x \times \frac{1}{12} + x \times \frac{1}{7}$

5) 결혼한 후 5년이 지나 아들이 태어났어. 따라서 아들이 태어난 시기는 $x \times \frac{1}{6} + x \times \frac{1}{12} + x \times \frac{1}{7} + 5$야.

6) 불행하게도 디오판토스의 아들은 태어나서 오래 살지 못하고 아버지보다 일찍 죽었어. 디오판토스의 아들이 죽은 나이는 아버지 나이의 딱 절반이야. 따라서 $x \times \frac{1}{2}$이라고 할 수 있고, 디오판토스는 아들이 태어난 때로부터 아들의 나이만큼 또 더 살았어. 아들이 죽었을 때 디오판토스의 나이는 $x \times \frac{1}{6} + x \times \frac{1}{12} + x \times \frac{1}{7} + 5 + x \times \frac{1}{2}$이야.

수학자의 무덤에는 수학 문제가 있다

7) 아들이 세상을 떠나자 디오판토스는 너무나 큰 슬픔에 건강을 많이 해친 모양이야. 아들이 죽은 뒤 불과 4년 만에 그도 세상을 떠났으니까. 따라서 디오판토스가 세상을 떠났을 때 나이는 $x \times \frac{1}{6} + x \times \frac{1}{12} + x \times \frac{1}{7} + 5 + x \times \frac{1}{2} + 4$야. 이것이 우리가 알고자 하는 디오판토스의 나이 x야.

8) 이것을 모두 하나의 식으로 나타내면,
$$x \times \frac{1}{6} + x \times \frac{1}{12} + x \times \frac{1}{7} + 5 + x \times \frac{1}{2} + 4 = x$$

이제 남은 것은 x를 알아 내는 거야. 이렇게 x와 같은 알 수 없는 수를 찾는 식을 방정식이라고 부르지. 초등 학생들도 물론 방정식을 배워. 하지만 아직은 이렇게 어려운 방정식 문제는 풀 수 없을 거야. 이 문제를 풀 수 있는 세 가지 방법을 알려 줄게.

가장 쉬운 방법은 수학을 좋아하는 중학생 형이나 오빠, 누나,

혹은 언니를 찾아가 풀어 달라고 하는 거야. 수학을 좋아하는 중학생을 찾을 수 없다면, 자신이 중학생이 될 때까지 기다리는 것도 한 방법이야. 그렇게 오래 기다릴 수는 없다고? 그렇다면 시간이 꽤 걸리는 복잡한 방법이 하나 남아 있어. x자리에 숫자를 1부터 하나씩 집어넣어 보는 거야.

세 가지 방법 중, 가장 마음에 드는 방법을 하나 골라 답을 찾아보렴. 참고로, 우리 옆집 중학생은 이 문제를 풀어 $x=84$라는 답을 내었어. 이 중학생이 맞게 풀었는지 아닌지 직접 알아보렴. 어떻게 알아보느냐고? $x \times \frac{1}{6} + x \times \frac{1}{12} + x \times \frac{1}{7} + 5 + x \times \frac{1}{2} + 4$의 x자리에 모두 84를 넣어서 풀어 봐. 그래서 모두 더한 수가 84라면 정확하게 맞은 것이지.

옆집 중학생이 틀렸다면, 어쩔 수 없이 1부터 100까지 수를 일일이 넣어 봐야 할 거야.

무시무시한 거듭제곱

체스가 뭔지 아니? 서양 사람들이 즐겨 하는 서양식 장기야. 꼭 바둑판처럼 생긴 체크 무늬 판에 말을 놓아 가며 두 사람이 하는 게임이지.

그런데 이 체스는 누가 발명했을까? 체스 게임을 어디에서 누가 발명해 냈는지 정확하게 알 수는 없어. 왜냐 하면 서로 자기 나라에서 발명되었다고 주장하는 사람들이 많거든.

인도 사람들은 체스는 고대 인도의 발명가 세타가 발명한 것이라고 굳게 믿고 있지. 세타는 체스를 발명했을 뿐 아니라 체스판으로 큰 부자가 된 걸로도 유명해. 체스 게임이 아주 잘 팔려서 부자가 되었냐고? 아니, 수학 덕분이었어.

수학으로 부자가 될 수도 있느냐구? 물론이야. 세타는 발명가였을 뿐만 아니라 대단한 수학자였으니까. 세타가 수학으로 어떻게 부자가 되었는지 한번 볼까?

세타가 수학으로 부자가 된 이야기

고대 인도에 무척 놀기 좋아하는 살라 왕자가 살았다. 왕자는 너무너무 심심해서 세타에게 재미있게 놀 수 있는 방법을 연구하라고 명령했다. 열심히 연구한 끝에 세타는 마침내 체스 게임을 만들어 냈다.

살라 왕자는 체스 게임에 완전히 반한 나머지 세타에게 상을 내리기로 했다. 살라 왕자는 세타를 불러 무엇이든 원하는 소원을 다 들어 주겠다고 말했다. 그런데 이상하게도 세타가 원한 것은 참으로 소박해 보였다.

"왕자님, 저는 그저 수수알을 받았으면 합니다. 제가 발명한 체스판의 첫 번째 칸에 수수알 한 톨, 그 다음 칸에 수수알 두 톨, 세 번째 칸에 수수알 네 톨, 그 다음 칸에는 수수알 여덟 톨, 이렇게 다음 칸에는 앞의 칸보다 수수알을 두 배씩 얹어서 주시면 감사하겠습니다."

왕자는 큰 소리로 껄껄껄 웃으면서 대답했다.

"좋다. 수수알을 원하는 대로 주마, 하하하."

세타가 너무 큰 상을 요구하면 어쩌나 하고 걱정하던 왕자는 속으로 세타를 마구 비웃었다. 발명이나 할 줄 알지, 아무것도 모르는 바보라고 말이다.

세타는 정말 어리석은 바보였을까?

여기서, 잠깐! 세타의 이야기를 계속 읽기 전에 한번 생각해 보자. 우선 체스판을 잘 들여다보는 거야. 만약 집에 체스판이 없다면, 아래 그림을 잘 봐.

체스판은 한 변에 정사각형이 8개씩 그려져 있어. 즉, 체스판은 $8 \times 8 = 64$개의 정사각형이 모여 있는 것이지.

세타가 요구한 대로 수수알을 체스판 위에 한 칸마다 올려놓는다고 상상해 보자. 과연 어떤 일이 벌어질까?

왕자의 명령을 받은 신하는 곧 수수알을 가지러 왕궁의 곡식 창고로 갔다. 신하는 창고 앞에서 셈을 아주 잘 하는 수학자를 불러 도대체 세타에게 수수알을 몇 알이나 줘야 하는지 물었다. 수학자는 곧 수수알이 얼마나 필요한지 계산하기 시작했다. 그런데 얼마 지나지 않아 수학자는 얼굴이 하얗게 질리면서 뒤로 '쿵' 주저앉고 말았다. 잠시 뒤, 정신을 차린 수학자는 서둘러 왕자에게 달려갔다. 그러고는 왕자 앞에 엎드려서 울부짖었다.

"왕자님, 세타에게 내린 상을 당장 거두어 주십시오. 세타가 원하는 수수알은 왕자님의 전 재산과 맞바꾸어도 부족한 양입니다. 아니, 온 세상의 수수를 모두 모아들인다 해도 부족할 것입니다. 왕자님, 세타에게 내린 상을 어서 취소하소서."

왕자는 깜짝 놀랐다. 도대체 세타가 요구한 수수알이 얼마나 많기에 수학자가 저런 말을 하는 걸까?

그럼 우리가 세타가 요구한 수수알의 개수를 본격적으로 계산해 보자. 세타의 말대로 체스판 위에 수수알을 놓아 보는 거야. 첫 번째 칸에는 한 알, 두 번째 칸에는 두 알, 세 번째 칸에는 네 알, 네 번째 칸에는 여덟 알, 그럼 다섯 번째 칸에는 몇 알을 놓아야 할까? 열여섯 알이지. 여기까지를 식으로 한번 써 보면 다음과 같아.

1+2+4+8+16

그런데 세타는 항상 다음 칸에 앞의 칸보다 2배의 수수알을 놓아 달라고 했어. 세타의 말대로 위의 식을 다시 바꾸면,

$$1+2+4+8+16=1+2+(2\times2)+(4\times2)+(8\times2)$$

이야.

여기서 $4\times2=2\times2\times2$로 바꿔 쓸 수도 있지. 마찬가지로, $8\times2=2\times2\times2\times2$와 같지.

그러면,

$$1+2+4+8+16=1+2+(2\times2)+(2\times2\times2)+(2\times2\times2\times2)$$

이기도 해.

그런데 $2\times2\times2$, 혹은 $2\times2\times2\times2$라고 쓰는 것은 너무 번거롭지 않니? 쉽게 쓰는 방법이 있어.

바로 $2\times2\times2$는 2를 세 번 곱한 것이고, $2\times2\times2\times2$는 2를 네 번 곱한 것이니까, $2\times2\times2$는 2의 세제곱이라고 해서, 2^3 이렇게 쓰지. 마찬가지로 $2\times2\times2\times2$는 2를 네 번 곱한 것이라고 해서, 2^4이라고 쓰지.

그러면 거듭제곱으로 한번 바꿔서 써 볼까?

$$1+2+4+8+16=1+2^1+2^2+2^3+2^4$$

자, 다시 세타가 요구한 대로 체스판 위에 계속 수수알을 놓아 보자.

큰일날 뻔했지?

체스판이 모두 64칸이니 2를 63번 거듭제곱한 것까지 더해 가야 해. 식으로 쓰면 이렇게 되지.

$1+2^1+2^2+2^3+2^4+2^5 \cdots +2^{63}=1+2+4+8+16+32 \cdots +?????$

헥헥헥, 맨 마지막 숫자는 얼마일까?

잠깐, 그 전에 왜 2의 64제곱이 아니고 63제곱이냐고? 잘 봐. 첫 번째 칸에는 한 알만 놓기로 했으니, 첫 번째 칸이 하나 빠지고, 두 번째 칸부터 2가 거듭제곱되는 것이지.

자, 이걸 모두 더하면 얼마가 될까? 계산이 안 된다고? 물론이야. 2^{63} 하나만으로도 어마어마한 숫자니까. 전자 계산기나 컴퓨터의 도움을 받지 않고는 계산하기도 힘든 숫자이지.

컴퓨터의 도움으로 계산을 해 보니, 세타가 요구한 수수알의 양은 18446744073709551615야. 도대체 얼마나 많은 양인지 상상이 되지 않아. 수수 대신 우리가 매일 먹는 쌀로 바꿔서 생각하면, 쌀 4000톤이 넘는 어마어마한 양이라고 해. 쌀 1톤을 실을 수 있는 트럭이 4000대 넘게 필요한 거야. 이제 조금 상상이 되니?

결국 살라 왕자는 자신의 약속을 취소해야만 했어. 하지만 세타는 계속 수수알로 달라고 떼를 썼어. 세타는 왕자가 자기 재산의 절반을 주겠다고 약속한 뒤에야 수수알로 달라는 것을 포기했지.

대단하지? 봐. 수학만 잘해도 부자가 될 수 있다니까. 반대로, 수학을 잘 못한 왕자는 재산을 절반이나 잃었단다.

노벨상에 수학상만 없는 이유는?

그야, 내 맘이지.

나, 노벨.

노벨상은 '노벨 물리학상', '노벨 화학상', '노벨 생리의학상', '노벨 경제학상', '노벨 문학상', '노벨 평화상' 등 6가지 분야로 나누어 일 년에 한 번 시상한다. 물론 노벨상은 아무에게나 주는 것이 아니라 그 분야에서 가장 훌륭한 일을 한 사람에게 준다. 여러 사람이 함께 타는 경우도 있는데, 함께 노력해서 한 가지 일을 훌륭하게 해냈을 때 그 사람들 모두에게 동시에 상을 준다. 이 상을 만든 사람은 스웨덴의 발명가이자 과학자였던 알프레드 노벨이다.

과학자였던 노벨은 특히 과학 분야에 상을 3개나 주도록 했다. 그런데 노벨상 중에는 수학상 부문이 없다. 모든 과학의 기초는 수학이고 당연히 노벨도 수학을 좋아했다. 그런데 왜 노벨은 수학상을 만들지 않았을까? 깜빡 잊고 빼먹은 걸까? 아니면 일부러 뺀 것일까? 여러 가지 이유를 생각해 볼 수 있겠지만, 가장 그럴듯한 이유는 노벨이 일부러 수학상을 만들지 않았다는 것이다.

노벨은 당시 가장 유명한 수학자였던 레플러와 사이가 무척 나빴다. 만나기만 하면 개와 고양이처럼 으르렁거리면서 싸웠다. 훌륭한 업적을 남긴 과학자들에게 상을 주도록 유언을 남기던 노벨은 문득 레플러가 생각났다. 노벨 수학상이 만들어지면 맨 처음 상을 받을 사람은 당연히 레플러가 될 테고, 노벨은 얄미운 레플러에게 상을 주고 싶지 않았던 것이다.

많은 사람들은 이런 이유로 노벨 수학상이 없다고 추측하지만, 정말인지는 정확히 알 수 없다. 진실은 오직 노벨만이 알고 있을 테니까.

● 필즈상

어쨌든 모든 과학의 기초인 수학만 노벨상이 없다는 것은 참 안타까운 일이다. 많은 수학자들도 이 사실을 안타깝게 생각했다. 수학자인 존 필드는 수학에도 노벨상에 버금가는 좋은 상이 있어야 한다고 주장했다. 존 필드가 죽은 뒤, 국제 수학자 회의는 1932년부터 수학상을 만들었고, 수학자 존 필드의 이름을 따서 필즈상이라고 정했다.

필즈상은 노벨상보다 타기 어렵다고 알려져 있다. 노벨상은 일 년에 한 번씩 주어지지만, 필즈상은 4년에 한 번밖에 기회가 없기 때문이다. 게다가 만 40세 미만의 수학자들만 받을 수 있어, 아무리 훌륭한 수학 업적을 세워도 40세가 넘으면 탈 수 없는 것이다.

노벨상보다 받기 힘든 필즈상! 우리 나라에서는 아직 필즈상을 받은 수학자가 한 명도 나오지 않았다. 미래의 수학 천재를 꿈꾸는 어린이 여러분이 도전해 보는 건 어떨까?

 무리수

피타고라스의 비밀

넓이가 2㎠인 정사각형

여기 작은 도형이 하나 있어. 네 개의 변으로 만들어진 이런 도형을 보통 네모라고 하고, 수학에서는 사각형이라고 하지. 이 사각형을 이루는 변 네 개는 길이가 똑같아. 이렇게 네 개의 변의 길이가 같은 사각형을 정사각형이라고 부르지.

이미 알고 있다고? 수학은 원래 잘 아는 것에서부터 시작하는 거야. 그러면 정사각형의 넓이는 구할 수 있니? 한 변의 길이를 1㎝라고 하자. 저 사각형을 실제 자로 재어 보면 더 길겠지만, 계산하기 쉽도록 1㎝라고 생각하는 거야.

사각형의 넓이를 구하는 공식은 (가로)×(세로)야. 사각형 중에서 정사각형의 넓이 계산이 제일 쉽지. 네 변의 길이가 모두 같으니, 아무거나 2개만 곱하면 되거든. 따라서 한 변의 길이가 1cm인 정사각형의 넓이는 1cm²야.

자, 그러면 이제 진짜 문제가 나온다. 지금까지는 너무 쉬웠어.

지금부터 넓이가 2cm²인 정사각형을 정확하게 하나 그리는 거야. 할 수 있겠니?

1) 앞집 초등 학생의 답

 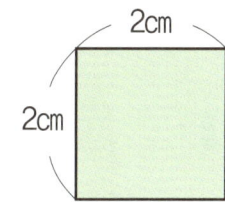

2) 옆집 초등 학생의 답

 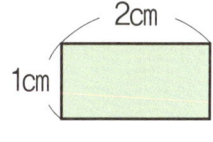

3) 피타고라스의 답

누구 답이 맞을까?

1) 한 변의 길이가 2cm인 정사각형의 넓이는 2 × 2 = 4cm²야. 이런, 우리가 원하는 정사각형은 넓이가 2cm²인데, 4cm²이면 두 배나 되잖아. 그렇다면 이 답은 아니군.

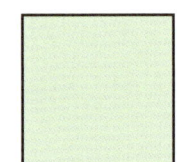

2) 이 그림을 잘 봐. 우리가 원하는 것은 정사각형이야. 그런데 이건 직사각형이잖아. 넓이가 2cm²인 건 맞았지만, 정사각형이 아니라서 틀렸어.

3) 피타고라스는 중학교 수학 교과서에 나올 정도로 유명한 수학자야. 이 사람에게 누군가 넓이가 2cm²가 되는 정사각형을 그려 달라고 부탁했어. 오랫동안 제자들과 연구실에 틀어박혀 연구에 연구를 거듭한 끝에 피타고라스는 엉뚱하게도 이렇게 말했어.

"넓이가 2cm²인 정사각형은 이 세상에 없다."

정말일까? 넓이가 2cm²인 정사각형은 이 세상에 없는 걸까? 피타고라스는 정말 그렇게 믿었던 것일까?

피타고라스의 고민

사실 피타고라스는 거짓말을 했어. 넓이가 2㎠인 정사각형은 틀림없이 있어. 피타고라스도 알고 있었지. 그러면 왜 피타고라스처럼 유명한 수학자가 거짓말을 했을까?

지금으로부터 2500여 년 전 피타고라스는 세상에서 가장 위대한 수학자라는 찬사를 들었어. 피타고라스에게 수학을 배우겠다고 몰려든 젊은이들이 너무 많아서 학교를 세워야 할 정도였지. 피타고라스가 걸어가면 그 뒤로 엄청난 수의 제자들이 졸졸 따라다녔어. 그래서 멀리서도 피타고라스가 오고 있다는 걸 금방 알 수 있었지. 이들은 '피타고라스 학파'라고 불렸는데, 자신들이 모르는 수학 문제는 이 세상에 없다고 늘 자랑했어.

그러던 어느 날, 한 꼬마가 피타고라스와 제자들이 복잡한 수학 문제를 풀고 있는 학교로 찾아와서 피타고라스에게 물었지.

"선생님이 이 세상에서 가장 위대한 수학자신가요?"

피타고라스는 어깨를 으쓱하며 고개를 끄덕였어.

"남들이 그렇다고 하는구나."

"질문이 있는데요, 이 세상에 넓이가 2인 정사각형이 있을까요?"

피타고라스가 너무 쉽다는 투로 말했어.

"물론 있지."

"그렇다면 넓이가 2인 정사각형을 그리려면, 한 변의 길이는 얼마로 해야 하나요?"

"아, 그거야……."

귀찮다는 듯이 대답을 하려던 피타고라스는 깜짝 놀라서 말을 멈췄어. 넓이가 2인 정사각형의 한 변의 길이가 얼마인지 대답할 수가 없었던 거야.

"그러니까 한 변의 길이는 제곱해서, 즉 두 번 곱해서 2가 되는 수다. 그러니까 그 수는……."

그 때부터 피타고라스와 수많은 제자들은 한 꼬마가 던져 주고 간 문제를 풀기 위해 밤낮으로 고민했어. 두 번 곱해서 2가 되는 수를 찾기 위해 잠도 자지 않고 밤이 새도록 연구했지. 0, 1, 2, 3, …과 같은 수로는 두 번 곱해서 2가 되는 수를 찾을 수 없었어. 그래서 소수와 분수에서 찾기로 마음먹고 온갖 소수와 분수를 제곱해 보았지만, 곱해서 2가 되는 수는 없었어.

마침내 피타고라스와 제자들은 그들이 미처 몰랐던 수의 세계가 있다는 것을 인정해야만 했어.

곱해서 2가 되는 수는 1과 2 사이의 어딘가에 분명히 있을 텐데, 그 수는 피타고라스도 몰랐던 새로운 수인 거야. 피타고라스와 제자들의 자존심은 완전히 구겨졌지. 이 세상에 그들이 모르는 수학이 있다니.

이런 수를 우리는 '루트($\sqrt{}$)'라는 모자를 하나 씌워 이렇게 $\sqrt{2}$라고 쓰고, '루트 2'라고 불러. $\sqrt{2}$를 두 번 곱하면 바로 2가 되는 거야. 즉, 곱해서 넓이 2가 되는 정사각형의 한 변의 길이는 $\sqrt{2}$지.

$\sqrt{2} \times \sqrt{2} = 2$

이런 수를 수학에서는 '무리수'라고 불러. 이런 이상한 이름은 누가 붙였을까? 누가 붙인 이름인지는 모르겠지만 피타고라스가 아닌 것은 분명해. 피타고라스와 제자들은 자신들이 모르는 수가 있었다는 것이 너무 부끄러워서 이 위대한 발견을 무조건 숨겼지. 실제로 히파수스라는 사람이 무리수의 존재에 대해 다른 사람들에게 알리려고 하자, 피타고라스 학파의 사람들이 몰려가 히파수스를 바다에 던져 버렸어. 정말 끔찍한 일이었지.

피타고라스와 제자들은 무리수뿐 아니라 자신들이 발견한 많은 수학 비밀들을 다른 사람들에게는 절대로 이야기하지 않았어. 하지만 결국 비밀은 지켜지지 않았어. 200년이 지난 뒤 유클리드라는 사람이 '피타고라스의 정리'라는 이름을 붙여 피타고라스와 제자들이 알아 낸 수학의 비밀들을 설명했어. 그 덕분에 피타고라스는 중학교 교과서에 실릴 만큼 유명해졌고 말이야. 세상에서 지키기 가장 어려운 것은 바로 '비밀'이라고 해.

세상에 비밀은 없어!

 비례

거대한 피라미드의 높이는 얼마일까?

이집트로 간 수학 여행

이집트로 수학 여행을 간 학생들이 있었어. 우아, 부럽다! 경주나 제주도가 아닌, 이집트로 수학 여행을 가다니! 이집트로 수학 여행을 간 학생들은 당연히 피라미드를 구경하러 갔지. 피라미드는 고대 이집트 왕들의 무덤이야. 한 사람의 무덤이라고 보기에는 너무 거대해서, 피라미드 옆에 사람이 서면 마치 벽에 붙은 개미처럼 보일 정도야.

학생들은 엄청나게 큰 피라미드를 보면서 감탄했어. 수천 년 전 옛날 사람들이 어떻게 이런 거대한 건물을 만들 수 있었는지 신기했지. 그런데 한 학생이 갑자기 이런 질문을 했어.

"저 피라미드의 높이가 얼마나 될까?"

다른 학생이 말했어.

"그야, 재 보면 알겠지."

"그러니까 저 피라미드의 높이를 어떻게 재냐고?"

학생들은 곰곰이 생각해 보았어. 거대한 피라미드의 높이를 알려면 어떻게 해야 할까? 여행 안내 책을 들여다봤지만, 피라미드의 정확한 높이는 나와 있지 않았어.

학생들은 당장 피라미드의 높이를 알고 싶어했지. 결국, 학생들은 선생님께 물었어. 선생님은 싱긋 웃으면서 말씀하셨지.

"2600여 년 전 탈레스라는 고대 그리스 사람도 이집트에 여행을 왔다가 피라미드를 보고 깜짝 놀랐지. 그리고 너희들처럼 피라미드의 높이가 얼마나 되는지 궁금해했단다."

성격 급한 한 학생이 다급하게 물어 보았어.

"그래서 그 사람이 알아 냈나요? 높이가 얼마나 된대요?"

선생님은 다시 싱긋 웃으며 말씀하셨지.

"너희들도 탈레스처럼 생각하고 또 생각하면, 쉽게 높이를 알아낼 수 있어. 힌트를 하나 주자면, 탈레스의 별명은 '비례의 귀신'이란다."

선생님이 주신 힌트는 학생들에게 도움이 되기는커녕, 오히려 학생들을 혼란에 빠뜨렸어. 도대체 어떤 방법으로 피라미드의 높이를 구해 보라는 것일까?

우리, 고민에 빠진 학생들 곁을 잠시 떠나 탈레스를 만나러 가 볼까?

도대체 높이가 얼마지?

탈레스는 피라미드의 높이를 어떻게 재었을까?

안녕. 난, 탈레스야. 유명한 철학자이자 과학자였고, 또한 수학자였지. 이집트로 여행 가서 피라미드를 처음 보았을 때 난 정말 놀랐단다. 그렇게 거대한 건물이 이 세상에 있다니! 내 눈으로 보면서도 믿을 수가 없었지. 그리고 너무나 거대한 피라미드의 정확한 높이를 알고 싶었지. 이집트 사람들에게 물어 봤지만, 아무도 정확한 높이를 알지 못했어. 피라미드가 너무 높아 아무리 긴 자가 있어도 정확하게 잴 수 없었던 거야.

난 생각하고 또 생각했지. 그리스 최고의 수학자인 내가 이걸 알아 내지 못한다면 체면이 뭐가 되겠어. 생각하고, 생각하고, 또 생각한 끝에 마침내 알아 냈어. 오, 유레카! 그리스 말로 '알았다!'는 뜻이야.

내가 찾아 낸 방법은 수학의 비례를 응용하는 거야. 준비물은 긴 막대 하나와 줄자 하나만 있으면 돼.

태양이 쨍쨍 비치는 화창한 날 오후, 나는 피라미드 바로 옆으로 가서 긴 막대를 세웠어. 막대의 높이는 정확하게 2미터였지.(사실 나는 다른 측량 단위를 사용했는데, 너희들이 알기 쉽게 미터로 설명해 줄게.) 막대의 그림자는 1미터였어.(사실 그림자는 1236㎜, 즉 123.6cm였지만, 계산이 너무 복잡할 테니 쉽게 1미터라고 하자.)

(막대 높이) : (막대의 그림자 길이) = 2 : 1

막대의 그림자 길이를 알아 낸 나는 이번에는 피라미드의 그림자 길이를 재 보았어. 피라미드가 워낙 크다 보니, 피라미드의 그림자 길이 역시 대단히 길었지. 자그마치 100미터였어. (사실은 100미터가 넘었는데, 그냥 100미터라고 하자. 위대한 수학자인 나는 아무리 복잡한 수라도 쉽게 계산할 수 있지만, 너희들은 머리가 지끈지끈 아플 테니까.) 우리가 알고 싶은 것은 피라미드의 높이야. 위의 막대와 마찬가지로 식으로 쓰면 다음과 같아.

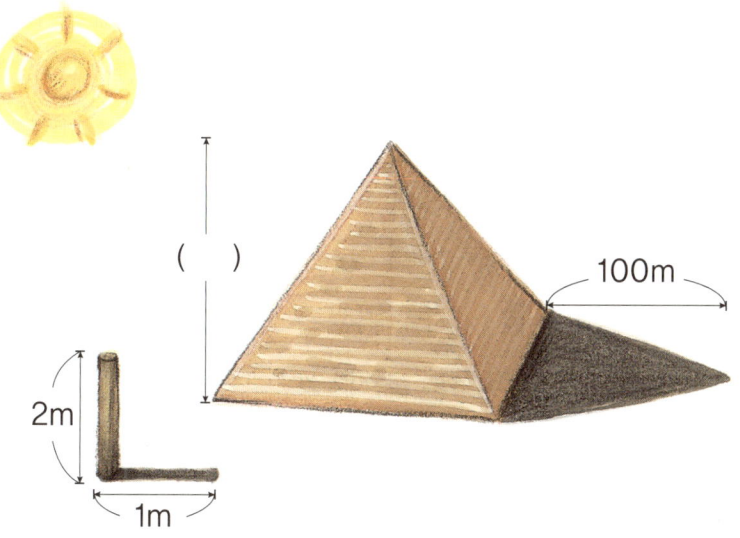

(피라미드 높이) : (피라미드의 그림자 길이) = (　　) : 100

거대한 피라미드의 높이는 얼마일까?

따라서 두 식을 합치면,

(막대 높이) : (막대의 그림자 길이) = (피라미드 높이) : (피라미드의 그림자 길이)
     2   :   1   =   (   ) :   100

그렇다면 우리가 알고 싶은 피라미드의 높이, 즉 (　) 안에는 어떤 수가 들어가야 할까? 1에 2를 곱하면 2가 되는 것처럼, 100에 2를 곱하면 (　) 안에 들어갈 수를 알 수 있지. 그렇다면 답은 200이야. 자, 이제 알겠니? 피라미드의 높이는 200미터가 되는 거야.

우리가 탈레스를 만나서 이야기를 듣는 동안, 학생들도 마침내 방법을 알아 냈나 봐. 선생님이 조금 도와 주셨지. 학생들은 이제 긴 막대와 줄자를 구하러 뛰어가고 있어. 이 방법을 쓰면 아무리 높은 피라미드라도, 아무리 높은 산이라 해도 높이를 잴 수 있거든.

63빌딩의 높이는 얼마일까?

여러분은 이제 피라미드의 높이쯤은 쉽게 잴 수 있게 되었다. 그럼 문제를 하나 낼 테니 맞춰 보라. 탈레스의 설명을 열심히 들었다면, 충분히 풀 수 있는 문제이다.

서울 구경을 온 시골 할머니와 할아버지가 63빌딩을 보고 깜짝 놀랐다. 이렇게 높은 건물이 있다는 것이 믿어지지 않았던 것이다. 그래서 63빌딩 입구에 서 있는 경비 아저씨에게 물었다.

"이 빌딩의 높이가 얼마유?"

순간, 경비 아저씨는 당황했다. 누구도 63빌딩의 높이는 가르쳐 주지 않았으니까. 우리가 고민하는 경비 아저씨를 도와 드리자.

마침 63빌딩 정원에는 높이 6미터인 나무가 한 그루 서 있었다. 그 나무의 그림자 길이를 재 보았더니, 3미터였다. 그 다음 63빌딩의 그림자 길이를 재었더니, 120미터가 나왔다. 그렇다면 63빌딩의 높이는 얼마일까?

답 : 240미터

 지구 둘레 재기

걸어서 지구의 둘레를 재는 방법

지구의 둘레를 알려 줘!

안녕, 난 지구야. 보다시피 난 동그란 공 모양이야. 그런데 혹시 내 둘레가 얼마인지 아니?

내가 나의 허리 둘레도 모른다니 부끄럽긴 하지만 꼭 알고 싶어. 어떻게 하면 알 수 있을까? 제발 알려 줘!

하하, 자꾸자꾸 걷고, 자와 컴퍼스를 가지고 있고, 원의 둘레를 계산할 줄만 알면, 지구의 둘레를 잴 수 있지.

앗, 말도 안 돼! 내가 얼마나 거대한 행성인데, 걸어서 잴 수 있다는 거야. 그리고 고작 그 보잘것없는 자와 컴퍼스만 가지고 어떻게 나의 둘레를 잴 수 있다는 거지?

으하하, 하지만 난 이미 2200년 전에 이 자와 컴퍼스로 꽤 정확하게 지구의 둘레를 계산했는걸. 꽤 많이 걸어야 했지만.

지구가 둥글다는 사실을 맨 처음 알아 낸 사람

지금으로부터 2200년 전 알렉산드리아로 가 볼까? 알렉산드리아는 유명한 알렉산더 대왕이 자신의 이름을 따서 만든 이집트의 도시야. 2200년 전 알렉산드리아는 학문과 예술이 눈부시게 발달한 도시였지. 에라토스테네스는 당시 알렉산드리아 대학 도서관의 관장이었어. 그래서 많은 책을 읽을 수 있었지.

어느 날, 도서관에서 책을 읽던 에라토스테네스는 매우 흥미로운 이야기를 발견했어.

'시에네에서는 하짓날 정오 무렵이 되면 햇빛이 우물 바닥까지 들어온다.'

시에네는 이집트에서 가장 남쪽에 있는 도시로 오늘날 '아스완'이라고 불리는 곳이야. 그런데 햇빛이 우물 바닥까지 들어온다는 것은 무슨 뜻일까? 에라토스테네스는 생각하고 또 생각해 보았어.

'아하, 알았다! 태양이 바로 머리 위에서 수직으로 비친다는 뜻일 거야. 그러면 사람이 서 있어도 그림자가 생기지 않겠군. 태양이 바로 머리 위에 있으니까.'

에라토스테네스는 책에 써 있는 바로 그 날 그 시간에 시에네에서 직접 실험을 해 보았어. 나무 막대를 바닥에 세웠더니, 정말 그림자가 생기지 않는 거야.

에라토스테네스는 새롭게 알게 된 사실이 너무 재미있었어. 꼬박 일 년을 기다려 같은 날 같은 시간, 이번에는 알렉산드리아에서 나무 막대를 세워 보았지. 그런데 나무 막대는 물론 에라토스테네스 자신도 그림자가 생기는 거야. 에라토스테네스는 고개를 갸웃거렸어.

'지구가 평평하다면(그 당시 사람들은 지구가 둥글다는 것을 몰랐어.) 태양빛이 시에네나 알렉산드리아나 똑같이 비추어야 하는데, 왜 어떤 곳은 태양빛이 수직으로 비추어 그림자가 생기지 않고, 어떤 곳에서는 그림자가 생기는 걸까?'

고민하던 에라토스테네스는 마침내 놀라운 결론을 내렸어.

"지구는 평평하지 않고 공처럼 둥글다."

우아! 지구가 둥글다는 사실을 알아 낸 거야. 그럼 지구가 둥글다는 사실을 맨 처음 알아 낸 것은 코페르니쿠스가 아니라 에라토스테네스였군. 어쨌든 에라토스테네스는 새로운 사실을 알아 내고 무척 기뻐했어.

'지구가 공처럼 둥글다니! 정말 재미있는 일이야.'

공을 차면서 노는 아이들을 바라보던 에라토스테네스는 문득 지구는 과연 얼마나 큰 공일까 궁금해졌어. 지구의 둘레가 얼마나 되는지 알고 싶어진 거야.

생각하고 또 생각하던 에라토스테네스는 다시 시에네에서 그림자가 생기지 않는 날, 알렉산드리아에서 나무 막대를 세우고, 나무 막대의 꼭대기와 그림자의 끝이 이루는 각의 크기를 컴퍼스로 재 봤어. 그랬더니 7.2°가 나왔지. 즉, 알렉산드리아와 시에네까지 거리가 7.2°라는 거야.

"됐다, 이제 지구의 둘레를 알 수 있어!"

에라토스테네스는 뛸 듯이 기뻐했어. 이게 무슨 소리일까? 요걸 가지고 어떻게 지구의 둘레를 잴 수 있다는 걸까?

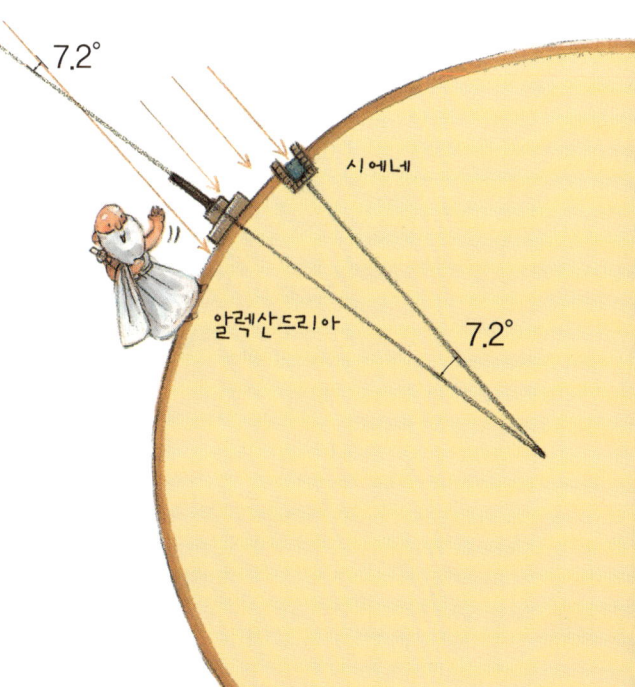

세계 최초로 지구의 둘레를 잰 사람

자, 여기 둘레가 360㎝인 원이 있어. 그런데 어떤 장난꾸러기가 피자처럼 원을 싹둑 잘라 버린 거야. 그래서 겨우 각이 7.2°인 작은 조각 하나만 남았지. 그러면 이 작은 부채꼴 모양 조각의 둥근 부분은 길이가 얼마나 될까?

360°인 원의 둘레가 360㎝라면 1°는 1㎝인 셈이야. 즉, 7.2°인 부채꼴의 길이는 7.2㎝가 되지. 지구도 둥근 공 모양이니까 똑같은 방식으로 계산할 수 있겠지. 다시 지구의 둘레를 재는 문제로 돌아가 보자.

에라토스테네스는 시에네에서 알렉산드리아까지 거리를 재 보았어. 그리고 대략 925㎞ 정도 된다는 사실을 알아 냈지. 어떻게 재었냐고? 걸어서 재었다는군. 걷기를 아주 좋아하는 남자에게 시에네에서 알렉산드리아까지 걸으면서 몇 발자국이나 되는지 세어 오라고 시킨 거야. 그 다음, 그 사람의 한 발자국 길이를 재었지. 발자국 수에 발자국 길이를 곱해서 시에네에서 알렉산드리아까지

의 거리를 알아 낸 거야. 시에네에서 알렉산드리아까지 발자국 수를 세면서 걸어간 그 이름 모를 사람이 정말 대단하다고 생각되지 않니? 다리가 엄청 튼튼한 사람이었나 봐. 다리 아프지 않았을까? 발자국 수를 세다가 헷갈리지는 않았을까?

어쨌든, 이제 지구의 둘레를 재기 위해 알아야 할 것들은 모두 알아 내었어. $7.2°$는 $360°$인 지구의 $\frac{1}{50}$ 조각이야. 따라서 925km의 50배가 지구의 둘레가 되는 거지.

925 × 50 = 46250(km)

에라토스테네스는 마침내 자와 컴퍼스와 다리가 튼튼한 사람의 도움만으로 지구의 둘레를 알아 낸 거야. 대단하지 않니? 에라토스테네스는 자기가 지구의 둘레를 알아 낸 방법을 책에 써서 남겨 놓았어. 그래서 오늘날 우리들이 그것을 보고 감탄할 수 있게 되었지.

물론 지구의 정확한 둘레는 약 40077km야. 에라토스테네스가 잰 길이와는 차이가 있지. 그 이유는 에라토스테네스가 시에네와 알렉산드리아의 길이를 정확하게 재지 못했기 때문이야. 발로 걸어서 재다 보니 아무래도 실수가 많았겠지. 하지만 에라토스테네스의 방법은 정확했어. 놀랍지 않니?

걸어서 지구의 둘레를 재는 방법

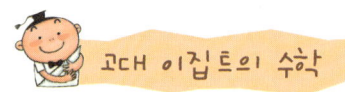 고대 이집트의 수학

고대 이집트 사람들의 빵 나눠 먹기 계산법

고대 이집트의 수학

약 5000년 전부터 고대 이집트에서는 빵을 만들어 먹기 시작했어. 그리고 이집트 사람들은 빵을 먹으면서 수학을 발전시키기 시작했지. 왜냐 하면 빵을 공평하게 나눠 먹어야 했으니까.

이집트 사람들이 빵을 사이좋게 나눠 먹기 위해 발전시킨 수학이 세계에서 가장 오래 된 수학책인 '아메스 파피루스'에 적혀 있어. 이른바 고대 이집트의 '빵 나눠 먹기 수학'이지.

고대 이집트에 전해 내려오는 수학 동화

옛날 어느 마을에 사이좋은 다섯 형제가 살았어. 형제들은 너무 가난해서 항상 배가 고팠지. 어느 날, 첫째가 이웃집의 일을 도와주고 빵 네 덩이를 얻어 왔어. 형제들은 저녁밥으로 두 덩이를 먹고, 다음 날 아침밥으로 두 덩이를 먹기로 했어.

빵 두 덩이를 다섯 형제가 사이좋게 나눠 먹으려면 어떻게 해야 할까? 형제들 중 수학을 가장 잘 하는 셋째가 바닥에 썼어.

"우리 모두가 공평하게 빵을 나눠 먹으려면 계산을 잘 해야 해." 형제들은 빵 하나를 각각 5조각씩 잘랐어. 한 조각은 빵의 $\frac{1}{5}$조각이지. $\frac{1}{5}$조각의 빵을 2개씩 먹으니 형제들이 빵을 각각 $\frac{2}{5}$조각씩 먹은 셈이야.

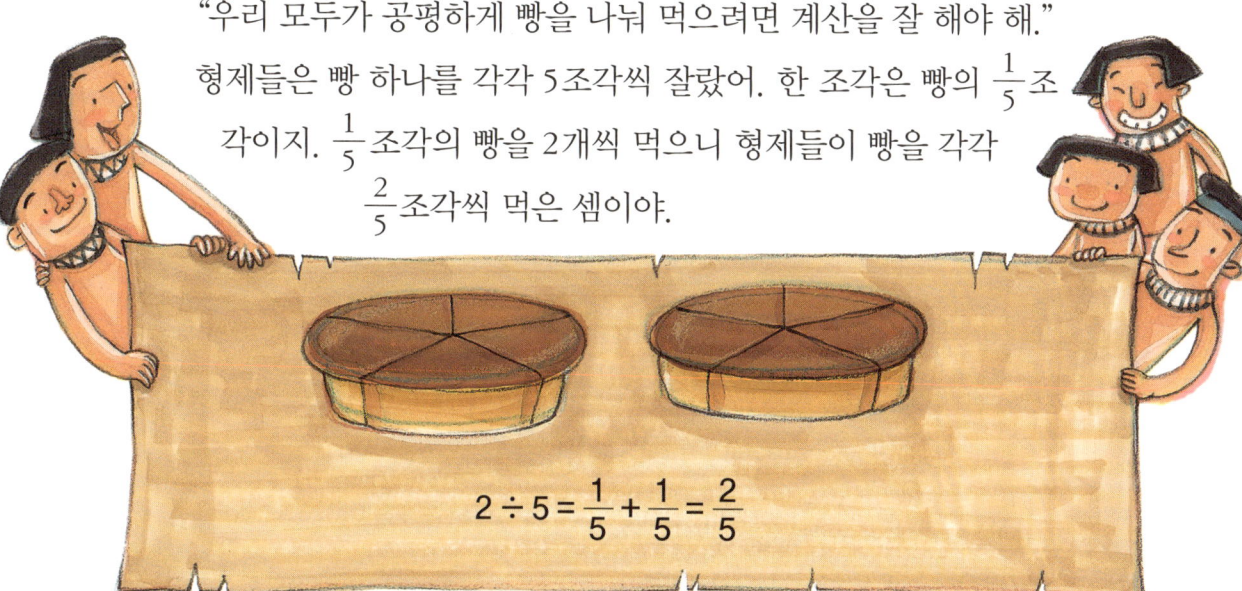

$$2 \div 5 = \frac{1}{5} + \frac{1}{5} = \frac{2}{5}$$

다음 날 아침, 형제들은 또 빵 두 덩이를 나눠 먹어야 했어. 그런데 막내가 빵 하나를 $\frac{1}{3}$조각씩 잘라 $\frac{1}{3}$조각의 빵을 6개 만들어 놓았지 뭐야. 형제들은 어젯밤과 같은 방법으로는 빵을 나눠 먹

고대 이집트 사람들의 빵 나눠 먹기 계산법

을 수 없게 되었어. 이제 어떻게 해야 할까?

형제들은 막내를 탓하지 않았어. 우선 $\frac{1}{3}$ 조각의 빵을 하나씩 사이좋게 먹었지. 그러자 $\frac{1}{3}$ 조각의 빵이 하나 남았어. 남은 $\frac{1}{3}$ 조각의 빵을 다시 5조각으로 나누었지. $\frac{1}{3} \div 5 = \frac{1}{3} \times \frac{1}{5} = \frac{1}{15}$, 즉 $\frac{1}{15}$ 조각의 빵을 하나씩 더 먹을 수 있었어. 따라서 형제들은 아침밥으로 빵을 $\frac{1}{3} + \frac{1}{15}$ 조각씩 먹은 셈이야.

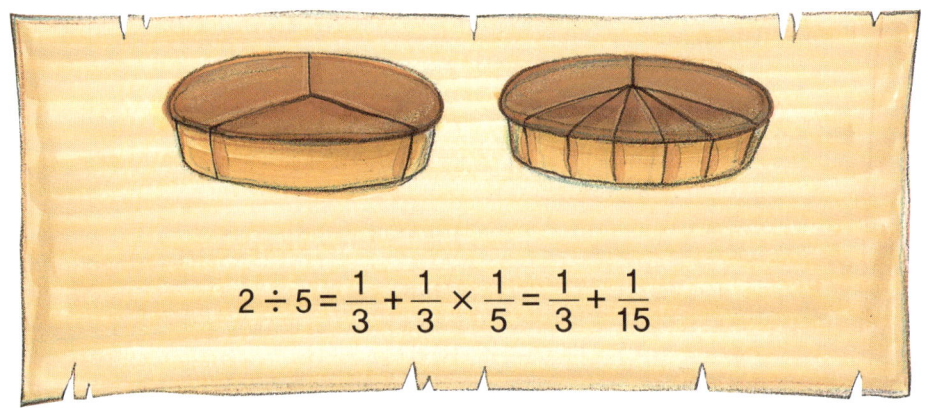

$2 \div 5 = \frac{1}{3} + \frac{1}{3} \times \frac{1}{5} = \frac{1}{3} + \frac{1}{15}$

이번에는 둘째가 일을 하러 나갔어. 둘째는 첫째보다 운이 좋았어. 일을 하고 빵을 여섯 덩이나 얻었지. 형제들은 저녁밥으로 빵을 세 덩이 먹고, 내일 아침에 세 덩이를 먹기로 했어. 다섯 형제가 빵 세 덩이를 똑같이 나눠 먹으려면 어떻게 해야 할까?

형제들은 문제를 쉽게 해결했어. 먼저 빵 하나를 각각 5조각으로 나누었어. 그러자 $\frac{1}{5}$ 조각의 빵이 모두 15개가 생겼지. 형제들은 3조각씩 먹었어.

다음 날 아침, 형제들은 어제와는 다른 방법으로 빵을 나눠 먹기로 했어. 그래서 세 덩이를 각각 반씩 잘랐지. 그러자 $\frac{1}{2}$ 조각의 빵이 6개가 생겼어. 형제들은 $\frac{1}{2}$ 조각의 빵을 하나씩 집어 먹었어. 그리고 남은 $\frac{1}{2}$ 조각의 빵 하나를 다시 5조각으로 나누었어. 형제들은 $\frac{1}{2}$ 조각의 빵 하나와 $\frac{1}{10}$ ($\frac{1}{2} \div 5 = \frac{1}{2} \times \frac{1}{5}$) 조각의 빵을 하나씩 더 먹을 수 있었지.

이번에는 셋째가 일을 나갔어. 셋째는 둘째보다도 운이 더 좋았어. 일을 하고 빵을 여덟 덩이나 받은 거야. 형제들은 신이 나서 저녁으로 먹을 빵과 아침으로 먹을 빵을 나누었어. 자, 네 덩이의 빵

을 다섯 명이 똑같이 나눠 먹으려면 어떻게 해야 할까?

형제들은 빵 네 덩이를 각각 5조각씩 잘랐어. 그러자 $\frac{1}{5}$조각의 빵이 20개나 생겼지. 형제들은 $\frac{1}{5}$조각의 빵을 4개씩 먹었어.

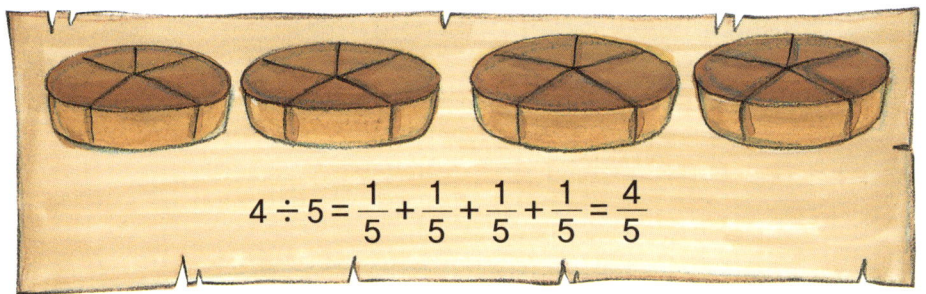

$$4 \div 5 = \frac{1}{5} + \frac{1}{5} + \frac{1}{5} + \frac{1}{5} = \frac{4}{5}$$

아침이 되자 형제들은 또 빵을 나누어 먹었어. 이번에는 빵 네 덩이를 각각 반씩 잘랐지. 그러자 $\frac{1}{2}$조각의 빵이 모두 8조각이 생겼어. 한 조각씩 먹고 나자 $\frac{1}{2}$조각의 빵 세 덩이가 남았지. 형제들은 잠시 고민했어. 그리고 $\frac{1}{2}$조각의 빵을 다시 반씩 잘랐어. 그러자 $\frac{1}{4}$조각의 빵이 6개가 생겼지. 형제들은 또 $\frac{1}{4}$조각의 빵을 하나씩 먹었어. 마지막으로 $\frac{1}{4}$조각의 빵 하나가 남았어. 형제들은 망설이지 않고 $\frac{1}{4}$조각의 빵을 5조각으로 나누어 먹었어. 형제들은 빵을 $\frac{1}{2} + \frac{1}{4} + \frac{1}{20}$조각씩 먹은 거야.

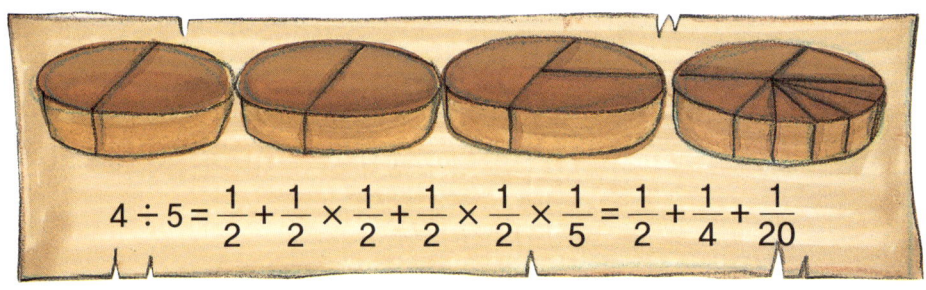

$$4 \div 5 = \frac{1}{2} + \frac{1}{2} \times \frac{1}{2} + \frac{1}{2} \times \frac{1}{2} \times \frac{1}{5} = \frac{1}{2} + \frac{1}{4} + \frac{1}{20}$$

아메스 파피루스

다음 날에는 넷째가 일을 나가서 빵을 벌어 왔을까? 글쎄, 인류 최초의 수학책인 '아메스 파피루스'에는 문제가 여기까지만 나와 있으니 알 수가 없어.

'아메스 파피루스'에 적혀 있는 문제는 바로 이거야.

$$2 \div 5 = \frac{1}{(\ )} + \frac{1}{(\ )}$$

$$3 \div 5 = \frac{1}{(\ )} + \frac{1}{(\ )}$$

$$4 \div 5 = \frac{1}{(\ )} + \frac{1}{(\ )} + \frac{1}{(\ )}$$

이집트 사람들에게 빵을 나눠 먹는 문제는 그 어떤 문제보다 중요했어. 그래서 빵을 공평하게 나눠 먹기 위한 수학이 발달할 수밖에 없었지. 그러다 보니 이집트 사람들이 생각하는 분수는 항상 위의 숫자가 1이었어. 아무리 맛있는 빵이라 해도 한 번에 한 조각씩만 먹어야 했으니까.

 분수의 덧셈

17마리 낙타를 나누어라!

아버지의 유언

옛날 아라비아에 낙타 17마리를 가진 상인이 살았어. 낙타를 17마리나 가지고 있다니, 대단한 부자였지. 상인에게는 아들이 셋 있었는데, 다음과 같이 유언을 남기고 죽었어.

"첫째는 17마리 낙타 중 $\frac{1}{2}$을 가지고, 둘째는 $\frac{1}{3}$을 가지고, 막내는 $\frac{1}{9}$을 가지거라."

세 아들은 당황했어. 왜냐 하면 17은 2로도, 3으로도, 9로도 나누어지지 않는 수니까. 이렇게 자기 자신과 1 이외에는 나누어지지 않는 수를 '소수'라고 해. 소수에는 3, 5, 7, 11, 13 등이 있어.

세 아들은 열심히 생각해 보았어. 하지만 아무리 생각하고 또 생각해도 17마리 낙타를 2와 3과 9로 나눌 수가 없었어.

어떻게 해야 할까?

분수의 덧셈을 할 줄 아니?

여기 커다란 피자가 한 판 있어. 피자를 8조각으로 나누어 보자. 한 조각은 각각 $\frac{1}{8}$조각이야.

2명의 어린이가 있는데, $\frac{1}{8}$조각의 피자를 한 어린이가 4조각 먹고 다른 어린이가 3조각을 먹는다면, 두 어린이는 피자를 얼마나 먹은 걸까? 거의 다 먹었다고? 비슷하게 맞았지만, 정확한 답은 아니야. 정확한 답은 분수를 더해 보면 알 수 있어.

$\frac{1}{8} \times 4$(한 어린이가 먹은 피자 조각) + $\frac{1}{8} \times 3$(다른 어린이가 먹은 피자 조각)
= $\frac{4}{8} + \frac{3}{8} = \frac{7}{8}$

잘했어. 이게 바로 분수를 더하는 거야. 분수를 더하려면, 분수의 아랫자리, 즉 분모가 같아야 하지.

그러면 $\frac{1}{2} + \frac{3}{8}$은 어떻게 계산할까?

$\frac{1}{2}$을 분모가 8인 분수로 바꾸는 거야. $\frac{1}{2}$은 위, 아래 수에 같은 수 4를 곱하면 $\frac{4}{8}$가 되지.

즉, $\frac{1}{2} + \frac{3}{8} = \frac{1 \times 4}{2 \times 4} + \frac{3}{8} = \frac{7}{8}$이야.

두 어린이는 $\frac{1}{8}$조각짜리 피자를 모두 7개 먹었지. 즉, $\frac{7}{8}$조각을 먹은 거야. 그리고 $\frac{1}{8}$조각의 피자 하나만 남겨 놓았어.

이제 다시 아라비아 상인의 유언으로 돌아가 보자.

"첫째는 17마리 낙타 중 $\frac{1}{2}$을 가지고, 둘째는 $\frac{1}{3}$을 가지고, 막내는 $\frac{1}{9}$을 가지거라."

상인의 유언대로라면 $\frac{1}{2}$과 $\frac{1}{3}$과 $\frac{1}{9}$을 모두 더하면, 상인의 재산인 낙타 17마리가 되어야 하는 거야.

그렇다면 $\frac{1}{2}, \frac{1}{3}, \frac{1}{9}$을 모두 더해 볼까?

$$\frac{1}{2} + \frac{1}{3} + \frac{1}{9} = ?$$

어? 그런데 $\frac{1}{2}$과 $\frac{1}{3}$, 그리고 $\frac{1}{9}$은 모두 분모가 서로 달라. 이럴 때는 세 분수의 분모를 똑같은 수로 바꿔야 해. 2와 3과 9로 나누어지는 가장 작은 수는 뭘까? 18이야. 잘 생각해 봐. $2 \times 9 = 18$, $3 \times 6 = 18$, $9 \times 2 = 18$이 되지. 그렇다면 각각의 분수에 9와 6과 2를 곱해 주면 분모를 18로 바꿀 수 있어. 바로 이렇게 바꾸는 거야.

$\dfrac{1}{2}$과 $\dfrac{1}{3}$, $\dfrac{1}{9}$을 더하면, $\dfrac{17}{18}$이 되는군.

앗, 그렇다면 세 분수를 모두 더해도 낙타 17마리가 될 수는 없는 거야. 하지만 낙타가 18마리 있다면, 상인의 유언대로 낙타를 나눠 가지고도 한 마리가 남는 것이 아닐까? 무슨 뜻인지 잘 모르겠다고?

그렇다면 상인의 세 아들이 어떻게 아버지의 유언을 따랐는지 한번 보자.

오랫동안 생각하던 첫째가 말했어.

"17은 어떤 수로도 나누어지지 않는 수야. 그러니 단순하게 17을 나누려고 해서는 아버지의 유언을 따를 수 없어."

"맞아요. 그럼 어떻게 해야 하지요?"

동생들이 물었지.

첫째는 이웃집에 가서 낙타 한 마리를 빌려 왔어. 다시 돌려 주

겠다는 약속을 하고 말이야. 그러자 낙타는 모두 18마리가 되었지.

첫째는 18마리의 낙타 중 $\frac{1}{2}$인 9마리를 자신의 몫으로 챙겼어. 그리고 둘째에게 18마리의 낙타 중 $\frac{1}{3}$인 6마리를 주었지. 이제 낙타는 3마리 남았어. 첫째는 막내에게 18마리의 낙타 중 $\frac{1}{9}$인 2마리를 주었어.

세 아들이 나눠 가진 낙타의 수는 모두 합쳐 9+6+2=17마리였어. 아버지의 유언대로 17마리의 낙타를 나눠 가진 거야. 옆집에서 빌려 온 낙타 한 마리는 그대로 남았지. 세 아들은 사이좋게 옆집에 남은 낙타 한 마리를 돌려 주러 갔어.

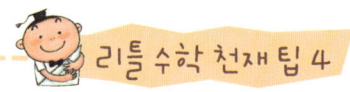

수에도 종류가 있다

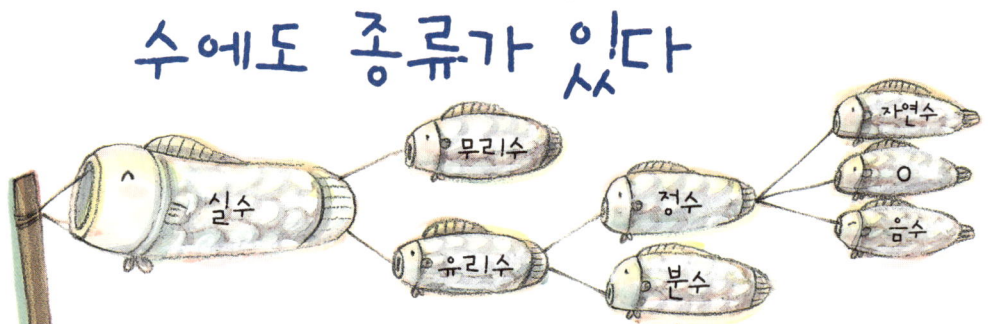

자연수 : 여기 여섯 살짜리 꼬마 아이가 한 명 있다. 엄마가 사탕 3개를 주셨다. 잠시 뒤 아빠가 사탕 2개를 더 주셨다. 꼬마에게 사탕을 몇 개 가지고 있느냐고 물어 보니, '다섯 개'라고 금방 대답한다. 꼬마는 단 한 번도 덧셈을 배운 적이 없었지만, 이미 더하기를 능숙하게 하고 있는 것이다.

엄마는 꼬마에게 사탕을 동생과 나눠 먹으라고 하셨다. 꼬마는 아까웠지만, 어쩔 수 없이 사탕 2개를 동생에게 주었다. 이제 꼬마에게 남은 사탕은 3개뿐이다. 꼬마는 이제 뺄셈까지 이해하기 시작했다.

이렇게 하나, 둘, 셋, 넷, … 하고 손가락을 하나씩 꼽아서 셀 수 있는 수를 '자연수'라고 한다. 우리가 세상에 태어나 처음 배우는 수이다.

정수 : 사탕을 하나하나 먹다 보니, 어느 새 하나도 남지 않았다. 꼬마는 빈손을 바라보며 마침내 '0'이라는 수를 배우게 된다. 사탕이 더 먹고 싶은 꼬마는 열심히 궁리하다가 동생의 손에 하나 남아 있는 사탕을 보았다. 꼬마는 사탕을 빼앗아 얼른 입에 넣어 버렸다. 그런데 엄마가 이 광경을 보셨다.

꼬마는 동생의 사탕을 빼앗은 벌로 오후에 엄마가 간식으로 주실 도넛을 동생에게 양보하기로 약속했다. 마침내 꼬마는 음수를 이해하게 되었다. 꼬마는 도넛을 하나 손해 본 것이다. 이것을 수학에서는 '-1'이라고 쓰고, '마이너스 1'이라고 읽는다.

우리가 이미 잘 알고 있는 자연수와 0, 그리고 꼬마가 이제 이해하기 시작한 '음수'를 모두 합쳐서 '정수'라고 부른다.

유리수 : 다음 날, 엄마는 수박을 반으로 잘라 한쪽은 냉장고에 넣고, 다른 한쪽은 동생과 사이좋게 나눠 먹으라고 주셨다.

꼬마는 이제 분수도 이해하기 시작했다. 수박의 반은 $\frac{1}{2}$이다. $\frac{1}{2}$인 수박을 다시 반으로 나누면 $\frac{1}{4}$이 된다. 꼬마와 동생은 사이좋게 수박 $\frac{1}{4}$통씩을 먹었다.

꼬마는 어느 새 유리수까지 이해하고 있는 것이다. 왜냐 하면, 유리수란 위에서 배운 정수에 분수를 합친 수니까. 꼬마의 수학 실력은 눈부시게 발전하고 있다.

무리수 : 그리고 한참 시간이 흘러, 꼬마는 이제 초등 학생이 되었다. 학교에서 사각형의 넓이 구하는 법을 배우고 있다. 이제 어린이가 된 꼬마는 사각형 모양의 과자를 먹다가, 넓이가 2㎠인 사각형 과자는 없을까 궁금해졌다. 꼬마는 마침내 '무리수'까지 알고 싶어진 것이다. 무리수가 무엇인지 모르겠다면 110페이지에서부터 피타고라스의 이야기를 다시 잘 읽어 보라.

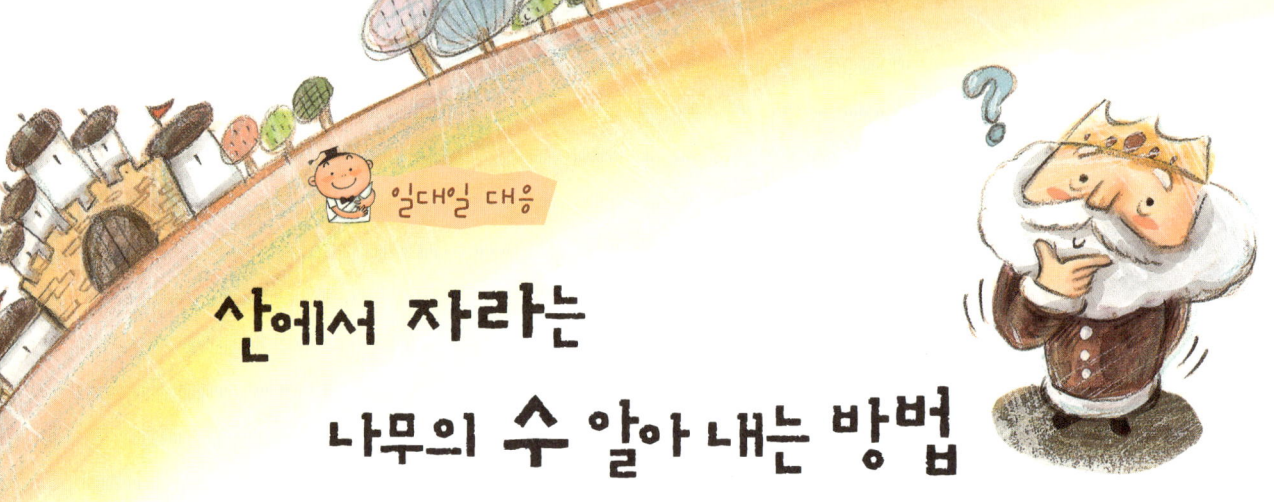

산에서 자라는 나무의 수 알아내는 방법

호기심 많은 임금님

엉뚱한 나라의 호기심 많은 임금님 이야기야. 임금님이 사는 성 뒤에는 숲이 하나 있었어. 그 숲에는 울창하게 자란 나무들이 빽빽이 자라고 있었지. 임금님은 가끔 숲으로 산책을 나갔어. 그런데 갑자기 숲의 나무가 모두 몇 그루일까 너무너무 궁금해졌어. 그래서 신하들에게 숲에 나무가 몇 그루나 있는지 알아 오라고 했지. 호기심을 참다가는 병에 걸릴 것 같았거든.

신하들은 당황했어. 숲에 있는 나무는 언뜻 보아도 수천, 아니 수만 그루는 되어 보였거든. 저 많은 나무를 어떻게 세지? 신하들은 어쩔 줄을 몰라 했어. 하지만 임금님의 명령이니 어떻게든 알아 내야 했지. 그래서 여러 가지 방법을 생각해 냈어.

첫 번째 방법

숲에 있는 나무의 수를 정확하게 알려 주는 사람에게 큰상을 내리겠다고 온 나라에 알렸지. 하지만 아무도 나타나지 않았어.

두 번째 방법

나라를 지키는 병사들을 불러모아 나무의 수를 세라고 명령했어. 수천 명의 병사들이 한꺼번에 숲에 들어가 나무의 수를 세기 시작했지. 하지만 병사들은 한 번 세었던 나무를 또 세기도 하고, 한 병사가 센 나무를 또다른 병사가 세기도

하는 등 헷갈렸어. 결국 병사들은 나무의 수 세는 것을 포기했어.

신하들은 생각하고 또 생각했어. 하지만 아무리 열심히 생각해도 숲에 심어져 있는 나무의 수를 알아 낼 방법은 떠오르지 않았어.

너라면 어떻게 하겠니? 페이지를 넘기기 전에 잘 생각해 봐.

산에서 자라는 나무의 수 알아 내는 방법

일대일 대응 방식

아라비아 숫자가 발명된 것은 약 2000년 전이다. 인도에서 처음 만들어졌는데, 아라비아 상인들에 의해 세계 여러 나라로 퍼졌기 때문에 아라비아 숫자라고 불리는 것이다.

그렇다면 아라비아 숫자가 발명되기 전에는 어떻게 수를 세었을까? 수를 세지 않았다고? 아니다. 약 5000년 전에 살았던 사람들도 수를 세었다는 증거가 있다.

세계 지도를 펴고 아라비아 반도를 찾아보자. 반도 위쪽으로 유프라테스 강과 티그리스 강이 있다. 그 사이가 '메소포타미아'라고 불리는 지역이다. 세계에서 가장 오래 된 4대 문명 중 하나인 메소포타미아 문명이 발생한 곳이기도 하다.

이 곳에서 점토로 만들어진 오래 된 그릇 하나가 발견되었다. 이 그릇 안에는 흙으로 빚어서 만든 42개의 작은 알이 들어 있었고, 겉에는 설형 문자가 씌어 있었다. 설형 문자란 옛날 사람들이 그림으로 뜻을 전달한 글자이다. 예를 들어, 새를 그리고 그 옆에 막대기를 다섯 개 그리면 '새 다섯 마리'라는 뜻이 된다.

그릇에 씌어 있는 설형 문자를 풀이해 보니, 이 그릇의 주인은 가축을 42마리 가지고 있었고, 가축의 수를 세기 위해 그릇에 작은 알을 담아 둔 것이었다. 가축의 수가 줄어들면 그릇에서 알을 빼고, 가축의 수가 늘어나면 알을 더 담는 것이다. 간단하지만 편리한 수세기 방법 아닌가!

옛날 사람들은 이런 식으로 수를 세었다. 이런 방법을 수학자들은 '일대일 대응 방식'이라고 부른다.

일대일 대응 방식은 지금도 여전히 쓰이고 있다. 숫자나 문자를 모르는 아프리카의 원시 부족들은 고대 메소포타미아 사람들과 같은 방법으로 수를 세고 있다. 마을의 책임자는 마을 사람들의 수만큼 조약돌을 가지고 있다. 마을 사람들이 모두 참석해야 하는 큰 행사 때 족장은 마을 사람들에게 조약돌을 하나씩 나누어 준다. 마을 사람들이 모두 참석했다면 조약돌이 하나도 남지 않을 것이다. 만약 조약돌이 남았다면 누군가 오지 않은 것이다.

이렇게 일대일로 대응시켜서 수를 세는 방법은 아프리카 원시 부족들만 쓰는 것이 아니다. 우리들도 쓰고 있다. 학교에서 학생들은 모두 자기 번호를 가지고 있다. 선생님이 수십 명의 아이들을 보살피기 쉽도록 각각 번호를 붙여 준 것이다. 또 책장에 꽂혀 있는 책을 잘 보라. 역시 번호가 있다. 일대일 대응 방식은 아주 오랜 옛날부터 지금까지 사용되어 왔고, 앞으로도 계속 사용될 아주 중요한 수세기 방법이다.

한 명이 안 왔군.

다시, 숲에 있는 나무의 수를 알아 내야만 하는 신하들에게 돌아가 볼까? 여전히 고민 중인 신하들에게 한 수학자가 일대일 대응 방식을 가르쳐 주었어. 신하들은 일대일 대응 방식으로 나무의 수를 세기로 했지.

일대일 대응 방식을 이용한 첫 번째 방법

나라 안의 모든 병사들을 다시 불러모으는 거야. 그리고 숲에 들어가 나무를 하나씩 껴안으라고 하는 거지. 숲에 있는 모든 나무에 병사가 한 명씩 붙는 거야. 이제 나무를 끌어안았던 병사들을 산에서 내려오라고 해서 한 줄로 세워야 해. 그리고 병사들의 수를 세는 거야. 이렇게 일대일 대응 방식을 사용하면 정말 간단하게 알 수 있지. 하지만 문제가 있어.

먼저, 숲의 나무 수만큼 많은 병사들이 필요해. 그러면 나라는 누가 지키지? 병사들이 숲 속에 들어가 나무를 끌어안고 있는 동안 이웃 나라에서 쳐들어오기라도 하면 어떡하냐고?

좀더 간단한 방법을 찾아보자.

일대일 대응 방식을 이용한 두 번째 방법

신하들은 머리를 좀더 굴려 보았어.

먼저, 숲의 $1m^2$에 몇 그루의 나무가 심어져 있나 세어 보았어.

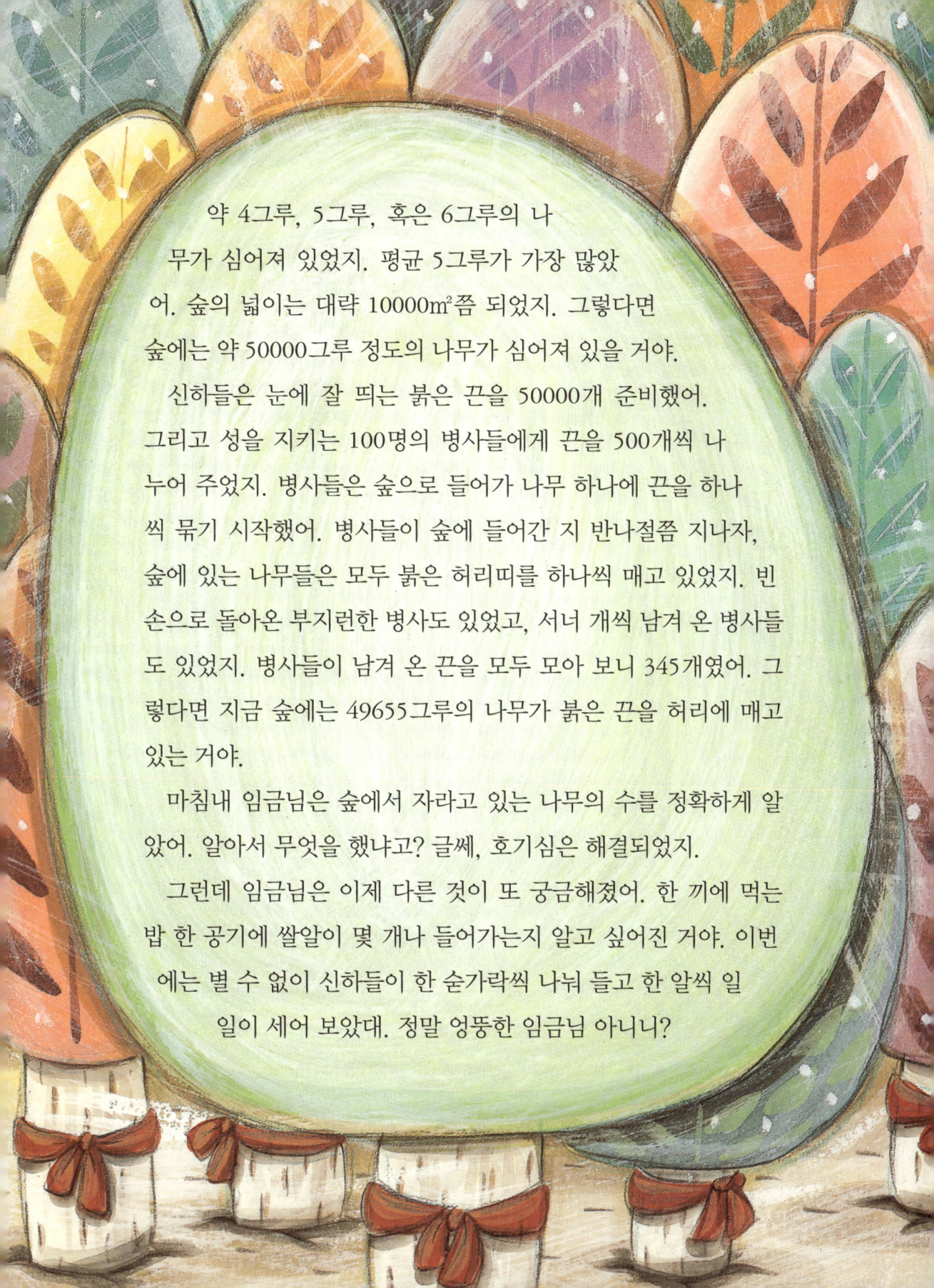

약 4그루, 5그루, 혹은 6그루의 나무가 심어져 있었지. 평균 5그루가 가장 많았어. 숲의 넓이는 대략 10000m^2쯤 되었지. 그렇다면 숲에는 약 50000그루 정도의 나무가 심어져 있을 거야.

신하들은 눈에 잘 띄는 붉은 끈을 50000개 준비했어. 그리고 성을 지키는 100명의 병사들에게 끈을 500개씩 나누어 주었지. 병사들은 숲으로 들어가 나무 하나에 끈을 하나씩 묶기 시작했어. 병사들이 숲에 들어간 지 반나절쯤 지나자, 숲에 있는 나무들은 모두 붉은 허리띠를 하나씩 매고 있었지. 빈 손으로 돌아온 부지런한 병사도 있었고, 서너 개씩 남겨 온 병사들도 있었지. 병사들이 남겨 온 끈을 모두 모아 보니 345개였어. 그렇다면 지금 숲에는 49655그루의 나무가 붉은 끈을 허리에 매고 있는 거야.

마침내 임금님은 숲에서 자라고 있는 나무의 수를 정확하게 알았어. 알아서 무엇을 했냐고? 글쎄, 호기심은 해결되었지.

그런데 임금님은 이제 다른 것이 또 궁금해졌어. 한 끼에 먹는 밥 한 공기에 쌀알이 몇 개나 들어가는지 알고 싶어진 거야. 이번에는 별 수 없이 신하들이 한 숟가락씩 나눠 들고 한 알씩 일일이 세어 보았대. 정말 엉뚱한 임금님 아니니?

한붓그리기

다리 건너기 수학

다리가 7개 있는 도시

러시아의 작은 도시 쾨니히스베르크(지금은 '칼리닌그라드'라는 이름으로 불려.)에 가면, 도시 한가운데로 프레골랴 강이 흐르고 있어. 강 가운데에 작은 섬이 하나 있고, 섬을 지나면 강이 두 줄기로 나뉘어 흐르지. 강이 도시를 네 개의 지역으로 나누고 있는 거야. 프레골랴 강에는 네 개의 지역을 서로 연결해 주는 다리가 일곱 개 있어.

어느 날, 누군가 쾨니히스베르크 시의 지도를 들여다보다가 갑자기 이런 질문을 했어.

"이 모든 다리를 하나도 빠짐없이 단 한 번씩만 건널 수 있을까?"

사람들은 깜짝 놀라며 지도를 보았어.

참 단순한 질문처럼 보이지? 하지만 대답도 질문만큼 쉬울까? 자, 지금 당장 연필을 들고 직접 한번 풀어 봐.

많은 사람들이 이 문제에 도전했지만, 쉽게 풀리지 않았어. 건널 수 있다고 하는 사람들도 있었고, 건널 수 없다고 하는 사람들도 있었지. 하지만 둘 다 명확한 이유를 들어 설명하지는 못했어.

이 문제는 풀리지 않는 수수께끼로 영원히 남을 뻔했지. 하지만 뜻밖에 너무 쉽게 풀어 낸 사람이 있었어.

18세기 최고의 수학자라 불리는 레온하르트 오일러라는 사람이야. 오일러는 이 문제를 보자마자 "모든 다리를 하나도 빠짐없이 한 번씩만 건너는 것은 불가능하다."고 분명하게 말했어. 그리고 그 이유를 설명해 주었지. 그렇다면 지금부터 오일러의 설명을 들어 볼까? 왜 불가능한지 말야.

한붓그리기 문제

안녕! 나는 오일러야. 수학은 복잡한 문제를 단순하게 바꿔서 쉽게 푸는 방법을 찾는 학문이야. 그럼 나랑 같이 '쾨니히스베르크의 다리'를 수학으로 단순하게 바꿔 보자.

쾨니히스베르크에 있는 일곱 개의 다리 그림을 단순하게 도형으로 바꾸면 이렇게 돼. 육지는 A, B, C, D의 점으로, 다리는 점과 점을 잇는 선으로 나타낸 거지.

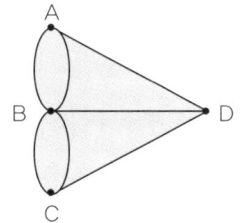

'7개의 다리를 하나도 빠짐없이 단 한 번씩만 건널 수 있을까?' 하는 문제를 '이 도형을 연필을 떼지 않고 한 번에 그릴 수 있겠는가?' 하는 문제로 바꾸는 거야. 이런 수학 문제를 '한붓그리기 문제'라고 부르지.

그런데 한붓그리기 문제를 풀 때에는 몇 가지 힌트가 있어. 이 힌트만 알면 아무리 복잡해 보이는 한붓그리기 문제라도 쉽게 풀리지.

여기 세 가지 모양의 도형 그림이 있어.

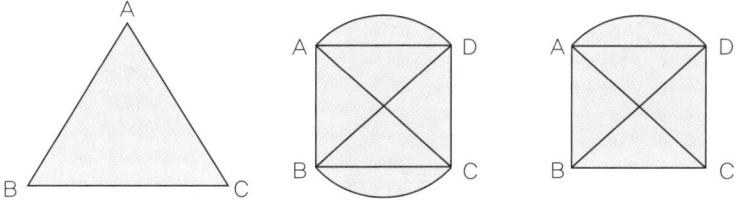

첫 번째 삼각형은 당연하게 한붓그리기가 가능한 도형이야. 그냥 삼

각형이니까. 그렇다면 두 번째 도형은 어떨까? 한번 그려 봐. 꼭지점 A, B, C, D 어디서 시작해도 한붓그리기가 가능하다는 걸 알게 될 거야.

그렇다면 세 번째 도형은 어떨까? 이번에는 A와 D에서 시작하면 한 붓으로 그릴 수 없지만, B나 C에서 시작하면 한붓그리기가 가능하다는 것을 알 수 있지.

세 도형의 차이점이 뭘까? 첫 번째와 두 번째 도형은 어디서 시작해도 한붓그리기가 가능하지만, 세 번째 도형은 꼭지점 B와 C의 경우에만 한붓그리기가 가능한 이유가 무엇일까?

첫 번째 도형의 경우 꼭지점 A, B, C와 각각 연결되는 선이 두 개씩이야. 즉, 짝수점이야. 두 번째 도형의 경우, 역시 꼭지점 A, B, C, D와 각각 연결되어 있는 선의 개수가 모두 4개씩이야. 역시 짝수점이지.

세 번째 도형의 경우, 꼭지점 A와 D는 짝수점이지만, 꼭지점 B와 C는 홀수점이야.

눈치챘니? "한붓그리기가 가능한 도형은 홀수점이 하나도 없거나 두 개만 있어야 한다."는 것이 바로 '한붓그리기의 법칙'이야. 믿어지지 않는다고? 그러면 여기 2개의 도형에 한번 한붓그리기를 해 봐.

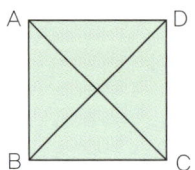 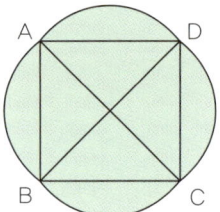

잘 되지 않지? 첫 번째 도형은 꼭지점 네 개에 연결되는 선의 수가 3개, 즉 홀수야. 두 번째 도형은 꼭지점 네 개에 연결되는 선의 수가 5개로 역시 홀수지. 이 두 도형은 아무리 열심히 연구해도 절대 한붓그리기가 불가능해. 홀수점이 너무 많기 때문이지.

쾨니히스베르크의 일곱 개 다리를 단순화시킨 도형 그림을 다시 볼까?

역시 꼭지점 A, B, C, D가 모두 홀수점이야. 이러니 한붓그리기가 될 리 없지. 하지만 간단하게 해결할 수 있어. 다리 하나만 더 놓으면 되지.

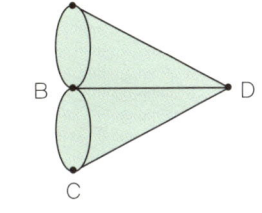

봐. 새로 다리 하나를 더 놓으니 꼭지점 A와 C는 짝수점이고, B와 D는 홀수점이 되었어. 이제 한붓그리기가 가능해진 거야. 믿어지지 않는다면, 직접 한번 해 봐.

앞 그림과 비교해 봐. 다리 하나가 늘었어.

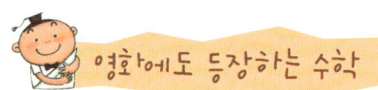
영화에도 등장하는 수학

수학으로 폭발을 막아라!

　혹시 수학이 등장하는 영화를 본 적 있니? 그것도 액션 영화에 수학이 등장하는 거야. 수학이 얼마나 재미있으면 영화에까지 나올까. 영화의 제목은 '다이하드 3'야. 혹시 아직 못 보았다면, 엄마 아빠께 말씀드리고 비디오로 한번 빌려 보렴. 다만 지나치게 폭력적인 장면은 그냥 지나쳐 버려.

영화 내용 중 매우 중요한 장면에 수학이 등장하지. 남자 주인공은 경찰인데, 친구와 함께 범인을 찾아 이리저리 헤매다가 공원 분수대에 놓여 있는 폭발 장치를 발견하게 돼. 폭탄이 터지게 되면 많은 사람들이 다치는 위험천만한 상황이지.

폭발을 막으려면 범인이 낸 수학 문제를 풀어야 해. 그 문제가 바로 이거야.

> 분수대에 물통이 2개 있다. 하나는 5갤런짜리 물통이고, 다른 하나는 3갤런짜리 물통이다. 2개의 물통을 이용해서 4갤런의 물을 폭발 장치가 달린 저울에 올려놓으면 폭발이 멈춘다. 폭발까지는 정확히 5분 남았다. 5분 안에 문제를 풀도록!

남자 주인공과 친구는 머리를 맞대고 문제를 풀기 위해 애써 보지만, 쉽게 풀리지 않아. 시간은 자꾸 흘러가고, 점점 조바심만 나지. 빨리 문제를 풀지 못하면 폭발물이 터져 버릴 거야. 다행히 주인공은 그 문제를 정해진 시간 안에 풀어 내지. 영화 속의 주인공은 언제나 영웅이니까. 자, 우리도 한번 직접 풀어 볼까?

영화 속 주인공의 풀이 방법

1) 주인공은 먼저 5갤런짜리 물통에 물을 가득 채운 뒤, 3갤런짜리 물통에 부었어.

2) 다음, 3갤런짜리 물통의 물을 버리고, 그 물통에 5갤런짜리 물통에 남아 있던 2갤런의 물을 부었지.

3) 다시 5갤런짜리 물통에 물을 가득 채웠어. 그리고 그 물통에 가득 들어 있는 물을 3갤런짜리 물통이 가득 찰 때까지 부었어. 3갤런짜리 물통에는 물이 이미 2갤런 들어 있으니 1갤런만 채우면 되지.

4) 이제 3갤런짜리 물통이 가득 찼고, 5갤런짜리 물통에는 물이 4갤런만 남았어.

주인공은 잽싸게 4갤런의 물이 들어 있는 5갤런짜리 물통을 폭발물과 연결된 저울에 올려놓았어. 예상대로 멋지게 문제를 해결한 거지. 문제를 제대로 푼 걸 보면 주인공은 초등 학교 시절에 수학을 열심히 공부했던 모양이야. 아니면, 이 영화의 시나리오를 쓴 작가가 수학을 무척이나 좋아했음이 틀림없어.

그런데 이 문제를 다르게 푸는 방법도 있어. 어떤 방법일까? 한번 생각해 봐. 폭발을 겨우 막았는데 그 옆에 또다른 폭발물이 있어. 게다가 이번에는 아까와 다른 방법으로 4갤런의 물을 달아야 한대. 자, 이제 어쩌지?

영화 속에 나오지 않는 풀이 방법

1) 먼저 3갤런짜리 물통에 물을 가득 채운 뒤, 그 물을 5갤런짜리 물통에 붓는 거야. 그러면 5갤런짜리 물통에 3갤런이 들어가게 되지.

2) 3갤런짜리 물통에 물을 한 번 더 채운 뒤, 5갤런짜리 물통에 부어. 그러면 이미 3갤런이 들어 있는 5갤런짜리 물통에는 2갤런이 들어가고, 3갤런짜리 물통에는 1갤런이 남게 되지.

3) 물이 가득 찬 5갤런짜리 물통의 물을 모두 쏟아 버리고, 3갤런짜리 물통에 들어 있는 물 1갤런을 옮겨 담아.

4) 이제 5갤런짜리 물통에는 물이 1갤런 들어 있어. 그러면 3갤런짜리 물통에 물을 가득 담아 5갤런짜리 물통에 부으면?

5) 짜잔, 5갤런짜리 물통에 4갤런의 물이 들어 있네.

영화 속에도 등장하는 수학! 정말 멋지지 않니?

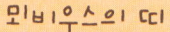뫼비우스의 띠

면이 하나뿐인 종이

롤러코스터를 만드는 데 필요한 수학

놀이 공원에 가면 어떤 놀이 기구를 타니? 회전 목마? 범퍼카? 놀이 공원 하면 뭐니뭐니해도 롤러코스터지!

롤러코스터는 놀이 공원마다 다른 이름으로 불리지만, 모두 기차 모양의 차를 타고 레일 위를 달리는 놀이 기구야. 높은 곳으로 천천히 올라갔다가 급경사를 따라 빠르게 내려오는 롤러코스터는 정말 아찔하고 신나. 순식간에 360° 한 바퀴를 완전히 돌기도 하고, 이리저리 비틀거리면서 빠른 속도로 달리다가 처음 출발했던 자리로 돌아오지.

이 롤러코스터는 바로 '뫼비우스의 띠'를 이용해서 만든 거야. '뫼비우스의 띠'가 뭐냐고?

잘 봐. 여기 팔찌 모양으로 만든 종이가 있어. 그런데 한쪽이 비틀어져 있어. 왜 이렇게 비틀어 놓은 걸까?

면이 하나뿐인 종이를 만들기 위해서야. 면이 하나뿐이라니, 무슨 뜻일까? 지금 당장 아무 종이나 한 장 들고 자세히 살펴보렴. 종이가 크든 작든, 흰 종이든 색종이든 상관 없어. 종이는 항상 면을 두 개 가지고 있지. 안쪽 면과 바깥쪽 면 둘로 나뉘어 있는 것이 바로 종이야.

그런데 안쪽 면과 바깥쪽 면으로 나뉘지 않고 면이 하나로 이어지는 종이가 있어. 믿어지지 않겠지만, 사실이야. 이런 종이를 '뫼비우스의 띠'라고 불러. 그럼 우리가 직접 만들어 볼까?

1) 우선 가늘고 긴 직사각형 모양의 종이를 하나 구해 와.
2) 그 다음, 긴 종이의 양쪽 끝을 붙이는 거야. 단, 180°로 한 번 비튼 후 붙여야 해.

3) 자, 이제 면이 하나뿐인 종이가 만들어졌어. 간단하지?

4) 면이 정말 하나뿐인지 확인해 볼까? 연필로 종이 중간 지점에 점을 찍어 봐. 그리고 그 점에서 시작하는 선을 종이를 따라 계속 그려 가는 거야.

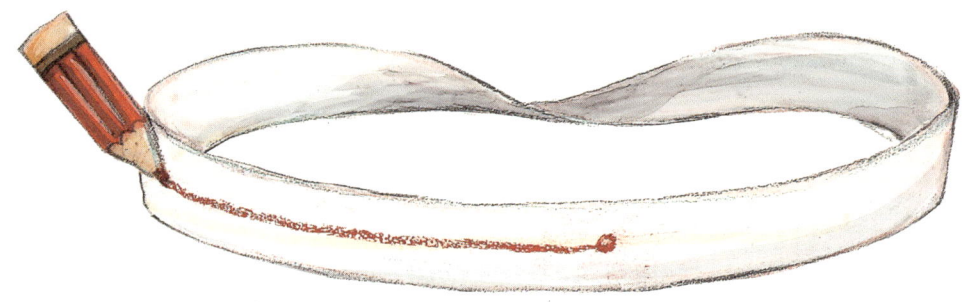

5) 보통 종이라면 안쪽 면이든 바깥쪽 면이든 한 면에만 선이 그려져 있어야 하지. 하지만 종이를 들고 자세히 살펴보렴. 긴 종이 위에 앞뒤로 선이 모두 그려져 있는 걸 볼 수 있을 거야. 정말 신기하지? 믿을 수가 없다고?
6) 그렇다면 띠를 툭 끊어서 한번 펼쳐 보렴. 종이의 안쪽 면과 바깥쪽 면 모두에 선이 그려져 있다는 것을 확인할 수 있어.

아직도 믿을 수 없다면, 뫼비우스의 띠를 여러 개 만들어서 확인해 보렴. 손가락으로 띠를 따라가 보고, 크레파스나 색연필로도 선을 그려 봐. 어때? 놀랍지 않니? 이게 바로 뫼비우스의 띠야.

수학자 뫼비우스의 신기한 발견

1858년, 파리 과학 협회는 수학을 주제로 가장 우수한 논문을 써내는 수학자에게 많은 액수의 상금을 주겠다고 발표했다. 상금이 타고 싶었던 수학자 뫼비우스는 대회에 논문을 내기로 했다. 어떤 논문을 써야 할까? 한참 고민하던 뫼비우스는 문득 이런 생각을 했다.

'사람에게 앞과 뒤가 있듯이 모든 물체에는 반드시 앞면과 뒷면이 있다. 하지만 혹시 앞면만 있는 물체는 없을까?'

뫼비우스는 앞면만 있는 물체, 즉 면이 하나인 물체를 찾아내기 위해 여러 가지 방법으로 연구를 했다. 그리고 마침내 1865년, '면이 하나뿐인 종이 띠'를 만들어 내고 자신의 이름을 붙여 '뫼비우스의 띠'라고 불렀다. 물론, 상금은 뫼비우스의 차지가 되었고, 수학자 뫼비우스의 이름은 전세계에 널리 알려졌다.

재미있는 뫼비우스의 띠 만들기

뫼비우스의 띠는 여러 가지로 바꾸어서 만들 수 있단다.

길고 가는 종이를 여러 개 준비하렴. 면이 하나뿐인 종이를 만들려면 종이의 한쪽 끝을 180°로 비틀어서 다른 쪽 끝에 붙이면 되지. 여기까지는 이미 알고 있다고? 그렇다면 뫼비우스의 띠보다 더 재미있는 띠를 한번 만들어 볼까?

뫼비우스의 띠보다 더 재미있는 띠 만들기 첫 번째

종이를 180°로 두 번, 그러니까 360°로 비틀어서 붙이면 어떻게 될까? 궁금하지 않니? 직접 한번 해 봐. 그 다음 연필로 선을 그려 보렴.

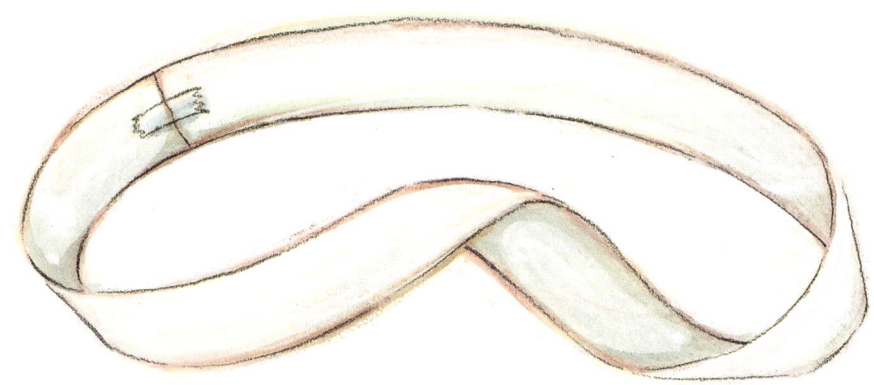

어때? 선이 한쪽 면에만 그려지지? 2번 비틀어서 붙이니, 다시 면이 두 개인 종이가 되었어.

뫼비우스의 띠보다 더 재미있는 띠 만들기 두 번째

180°로 한 번 비틀어 만든 뫼비우스의 띠 가운데에 선을 하나 그려 주렴. 그 다음 그 선을 가위로 자르면 어떻게 될까? 두 개의 띠가 생길까? 직접 잘라 보기 전에 한번 생각해 봐.

충분히 생각했니? 그러면 이제 가위로 잘라 보렴.

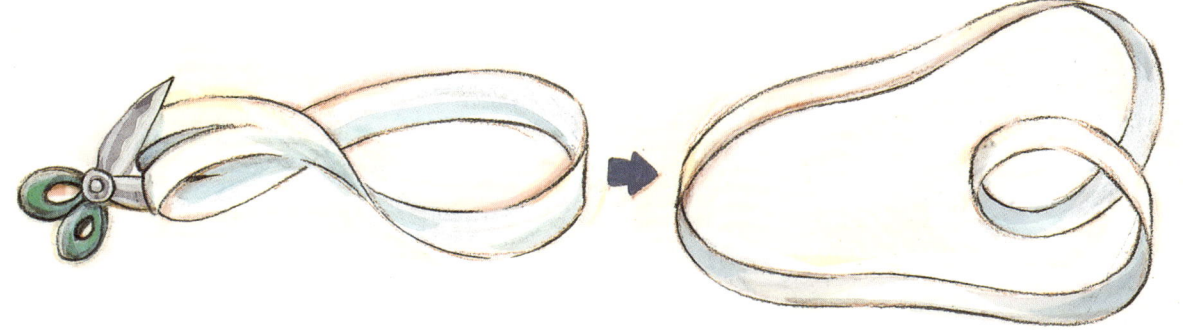

동그란 띠 두 개가 아니라, 두 번 꼬인 띠 하나가 만들어졌어. 원래 띠의 두 배 길이가 되는 새로운 띠지.

정말 재미있지? 이번에는 두 번 비틀어서 만든 띠의 가운데를 자르면 어떻게 될까? 또, 세 번 비틀어 만든 띠를 자르면 어떻게 될까? 직접 한번 해 보렴. 종이와 풀과 연필과 가위만으로 이보다 더 재미있는 놀이를 찾을 수 있겠니?

시간 절약하기 수학

늦잠 잤을 때 필요한 수학

학교에 지각하지 않으려면?

앗, 오늘도 늦잠을 잤어. 알람 시계는 분명 7시에 맞춰 놓았는데, 눈을 떠 보니 벌써 8시가 된 거야. 8시 30분까지 학교에 가야 하는데 큰일이군. 그런데 그 전에 해야 할 일이 아주 많아. 화장실에 가서 볼일도 봐야 하고(3분), 세수도 해야 하고(3분), 양치질도 해야 해(3분). 아침밥도 꼭 먹어야 하고(10분), 어젯밤에 미리 싸 놓는 것을 깜박한 책가방도 싸야 하지(5분). 집에서 학교까지는 걸어서 10분이 걸려. 모두 합치면 34분이야. 결국 4분을 지각하게 되는 거야. 호랑이 선생님은 단 1분도 봐 주시지 않을 거야. 이럴 때 너라면 어떻게 하겠니?

아침밥을 굶을래요. 그러면 24분이면 충분해요. 지각하지 않고 학교에 갈 수 있어요.

땡! 아침밥을 굶어서는 절대 안 됩니다. 자라나는 어린이들은 아침밥을 꼭 챙겨 먹어야 합니다. 아침에 먹는 밥이 키를 쑥쑥 자라게 해 주니까요. 물론 점심과 저녁도 꼭 챙겨 먹어야 하구요.

세수랑 양치질을 안 하면 6분이나 절약할 수 있어요. 그러면 학교에 늦을 리 없지요.

쯧쯧, 세수와 양치질을 하지 않으면 친구들이 싫어할 거예요. 게다가 몸을 깨끗하게 하는 일은 건강을 지키는 일이기도 해요. 세수와 양치질은 절대 빼먹으면 안 됩니다.

우선 밥을 조금 빨리 먹습니다. 10분이 아니라 9분 만에 먹는 거지요. 그러면 1분이 절약됩니다. 이제 3분이 부족합니다. 동시에 두 가지를 하면 시간이 절약되겠지요. 변기에 앉아 볼일을 보면서 양치질을 하면 3분이 절약됩니다. 그러면 모두 4분을 절약해서 학교에 늦지 않게 갈 수 있습니다.

볼일 보면서 양치질을 하다니, 조금 지저분하기는 하지만 효과적인 방법이군요. 하지만 가장 좋은 방법은 절대 늦잠을 자지 않는 것입니다. 여러분, 늦잠 자지 마세요!

늦잠 잤을 때 필요한 수학

시간을 절약해 주는 수학

같은 시간을 효율적으로 쓰는 시간 관리 방법을 '크리티컬 패스'라고 불러. 영국 사람들이 붙인 이름이지. 제1차 세계 대전이 일어났을 때 영국에서는 음식도 연료도 부족했어. 그래서 낭비를 줄이기 위해 음식 만드는 시간을 줄이자는 캠페인이 일어났지. 어떻게 하면 적은 연료로 빨리 음식을 만들 수 있을까? 영국 사람들은 이렇게 했다는군.

아침마다 프라이팬에 빵을 구워 먹는 집이 있었어. 아빠와 엄마, 아이가 각각 하나씩 먹으려면 빵 3개를 구워야 하지. 프라이팬에는 한 번에 빵을 2개 넣을 수 있어. 그런데 프라이팬에 빵을 구우면 한 번에 한 면밖에 구워지지가 않아. 연료를 가장 적게 쓰면서 빵 3개의 양면을 가장 빨리 굽는 방법은 뭘까?

우선 빵 3개를 A, B, C라고 부르자.

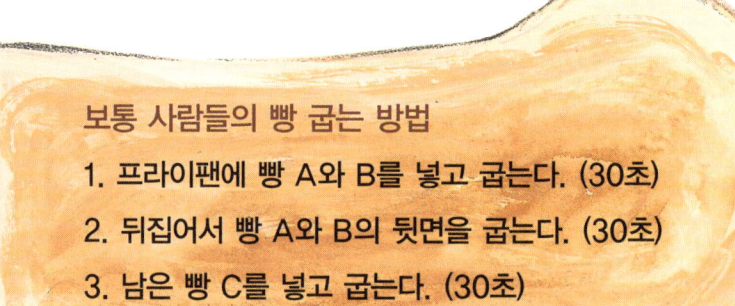

보통 사람들의 빵 굽는 방법
1. 프라이팬에 빵 A와 B를 넣고 굽는다. (30초)
2. 뒤집어서 빵 A와 B의 뒷면을 굽는다. (30초)
3. 남은 빵 C를 넣고 굽는다. (30초)
4. 뒤집어서 뒷면도 굽는다. (30초)

총 120초, 즉 2분이 걸렸어. 게다가 프라이팬에는 한 번에 빵을 2개 구울 수 있는데, 세 번째 빵은 하나만 구웠으니 빵 하나를 더 구울 수 있는 만큼의 시간과 연료가 낭비된 거야. 수학자들은 이런 것을 '비효율적이다.'라고 말하지. 그렇다면 보다 효율적인 방법은 뭘까?

수학자들은 빵을 구울 때 연료를 25%나 절약할 수 있는 방법이 있다는 사실을 알려 주었어.

수학자들의 빵 굽는 방법

1. 프라이팬에 빵 A와 B를 넣고 굽는다. (30초)
2. A는 뒤집어서 뒷면을 굽지만, B는 일단 꺼내서 접시에 놓고, C를 프라이팬에 넣고 굽는다. (30초)
3. 앞뒷면이 다 구워진 빵 A는 꺼내고, 그 자리에 한 면만 구운 빵 B를 넣고 C를 뒤집어 함께 굽는다. (30초)

어때? 90초 만에 식빵 3개의 앞뒷면을 다 구웠어. 첫 번째 방법보다 무려 30초나 절약되었지.

시간을 절약하기 위한 또다른 수학 문제

시간 절약하기 문제를 하나 더 풀어 볼까? 이번에는 다리를 건너는 문제야. 빵 굽는 문제보다 훨씬 재미있을 거야.

멋진 성에 사는 요정의 생일 잔치가 열리는 날이야. 잔치에 초대되어 온 네 명의 어린이들이 성문 앞에 도착했어. 그런데 마법의 성은 이제 16분 후에 문이 닫히게 되지. 성문 꼭대기에 달린 마술 시계가 큰 소리로 떠들고 있어.

"정확히 16분 뒤에 문이 닫힌다. 16분 안에 성으로 들어와라."

어린이들은 복잡한 문제에 부딪혔어. 성으로 들어가려면 길고 무시무시한 계곡에 매달린 다리를 건너야만 해. 게다가 그 다리는 마구 흔들리는 구름다리야. 구름다리에는 한 번에 2명만 올라설 수 있지. 그 이상의 어린이가 올라서면 다리가 끊어질 거야.

게다가 너무 어두운 밤이라 떨어지지 않고 다리를 건너려면 손전등이 필요해. 손전등은 다리 입구에 딱 1개 준비되어 있었어.

어린이들의 이름은 빨라 군과 느려 군, 조심 양과 급해 양이야.

빨라 군은 1분 만에 다리를 건널 수 있어.
반면에 느려 군은 이름대로 느릿느릿 8분이나 걸린대.
조심 양은 워낙 조심성이 많아서 조심조심 5분이 걸려.
급해 양은 서둘러서 2분이면 건널 수 있어.

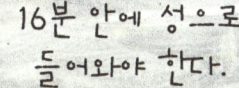

자, 어떻게 해야 할까? 한 사람이 손전등을 들고, 2명씩 다리를 건너야 해. 물론 느린 사람의 속도에 맞추어서 건너야 하지. 그리고 한 명은 다시 돌아와야 해. 남은 사람들도 다리를 건너려면 손전등이 필요하니까.

어떻게 하면 16분 안에 4명의 어린이들이 모두 구름다리를 건너 성에 도착할 수 있을까? 잠깐! 다음 페이지로 넘어가기 전에 직접 한번 풀어 보렴.

16분 안에 성으로 들어와야 한다.

수학자의 풀이

만약 느려 군이 손전등을 들고 조심 양과 함께 건너갔다가, 느려 군이 손전등을 들고 돌아온다면 16분이 걸릴 거야. 그럼 요정의 성문은 닫히고 말아. 가장 비효율적인 방법이지. 수학자들은 가장 효율적인 방법을 찾아 냈어.

1. 빨라 군이 급해 양과 함께 다리를 건넌다. (2분)

2. 빨라 군이 손전등을 들고 다시 돌아온다. (1분)

3. 조심 양과 느려 군이 다리를 건너간다. (8분)

　이렇게 하면, 15분 만에 모두 구름다리를 건널 수 있어. 문이 닫히기 전에 요정의 성에 들어갈 수 있지.

　이것이 바로 수학이야. 수학은 어렵고 복잡한 문제에 부딪혔을 때 어떻게 하면 가장 쉽고 빠르게 해결할 수 있는지를 알려 주는 학문이란다.

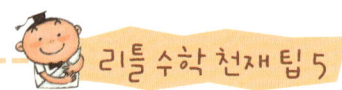

늘 수학을 생각하는 열정이 필요하다

앞으로 읽어도 뒤로 읽어도 똑같은 말을 '회문'이라고 부른다. 토마토나 '자꾸만 꿈만 꾸자.' 같은 문장이 그 예이다. 숫자에도 회문 숫자가 있다. 우리 나라에서 월드컵이 열렸던 2002년이 바로 회문 숫자의 해였다. 다음에 올 회문 숫자 연도는 2112년이다. 앞으로 백 년도 더 지나야 오는 것이다. 수학자들은 여러 가지 방법으로 재미있는 회문 숫자를 만들어 내고 있다.

47+74=121

47과 47을 거꾸로 뒤집은 수 74를 더했더니 121이 되었다. 121은 앞으로 읽어도 121, 뒤로 읽어도 121이다. 이런 예는 또 있다.

39+93=132

132는 회문 숫자는 아니다. 하지만 이 숫자를 뒤집어서 한 번 더 더하면, 132+231=363. 신기하게 회문 숫자인 363이 나왔다.

곱하기로도 회문 숫자를 만들 수 있다.

12×21=252

연달아 나오는 두 수를 곱해서 회문 숫자를 만드는 경우도 있다.

$77 \times 78 = 6006$

수학자들은 이런 회문 숫자를 왜 연구했을까? 어딘가에 꼭 필요하기 때문에? 아니다. 그저 궁금해서일 뿐이다.

라마누잔이라는 인도의 수학자 이야기다. 라마누잔이 앓아 누워 있을 때 친구가 1729라는 번호를 단 차를 몰고 병문안을 왔다.

"자네 차는 정말 멋진 번호를 달고 있군."

라마누잔이 말했다. 친구는 고개를 저으면서 대답했다.

"무슨 소리야. 1729는 아무런 특징이 없는 수인걸."

라마누잔은 빙긋 웃으면서 말했다.

"자네는 1729가 얼마나 멋진 수인지 모르는군. 1729는 9와 10을 각각 세제곱한 수의 합이지."

친구는 깜짝 놀라 종이와 연필을 들고 계산을 해 보았다.

$9 \times 9 \times 9 = 729$

$10 \times 10 \times 10 = 1000$

$729 + 1000 = 1729$

"우아, 정말이군. 자네는 이런 걸 어떻게 아나?"

친구는 깜짝 놀라며 말했다. 라마누잔은 그저 빙그레 웃을 뿐이었다. 그에게는 당연한 일이니까.

세계적인 수학자가 되려면 이렇게 어떤 수를 보기만 해도 그 수의 비밀을 꿰뚫어 볼 수 있는 능력을 가져야 한다. 그러기 위해서는 늘 수학을 생각하고 공부하는 열정이 필요하다.